Quel âge a Bécassine au début de l'histoire, et qu'est-ce qui remue dans sa bouche ?

Bécassine a six ans et une dent qui bouge.

Que cache Bécassine dans son petit poing serré ?

Sa dent de lait.

Que cherche Bécassine ici ?

Bécassine cherche son endroit préféré pour planter sa petite crotte de graine.

Qui va découvrir ce petit animal endormi ?

toute les bettes, tout lé oisos fau vous ensauver * l'Oncle Corentin chasse demin

L'oncle Corentin en chassant.

Que lit Bécassine à douze ans ?

Les contes de fées de Charles Perrault.

Quelle bêtise va faire Bécassine ?

Donner un coup de battoir à Marie Quillouch.

Quel est le rêve que Bécassine confie à son oncle ?

Elle rêve d'aller à Paris.

Quel est le nom du petit arbre à droite de Bécassine ?

L'arbre bleu.

Où s'en va Bécassine ?

à Paris.

Que croit-elle voir à l'horizon ?

La tour Eiffel.

Qui sont ces deux paysans ?

Les parents de Bécassine.

Qui observe, caché, Bécassine ?

Son oncle Corentin, déguisé en buisson.

Comment s'appelle le sac que porte Bécassine avec son parapluie ?

Son balluchon.

Comment s'appelle l'ami de madame la Marquise ?

M. Proey-Minans.

Pourquoi Marie Quillouch n'a pas l'air contente ?

Parce qu'elle vient de se faire renvoyer par la marquise.

Qu'est-ce qu'il y a dans ce biberon, autre que du lait ?

Une patate.

Pourquoi Bécassine est écroulée dans son fauteuil ?

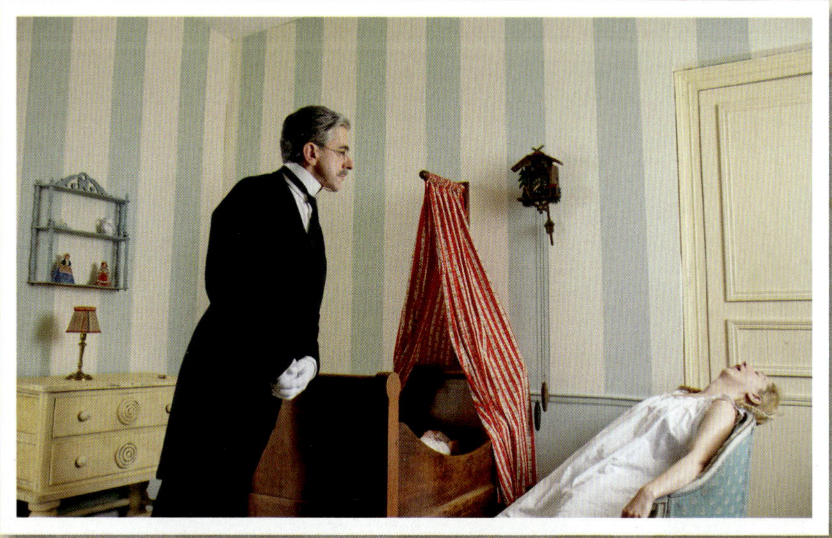

Parce qu'elle s'est occupée de Loulotte toute la nuit.

Comment s'appelle le doudou de Loulotte ?

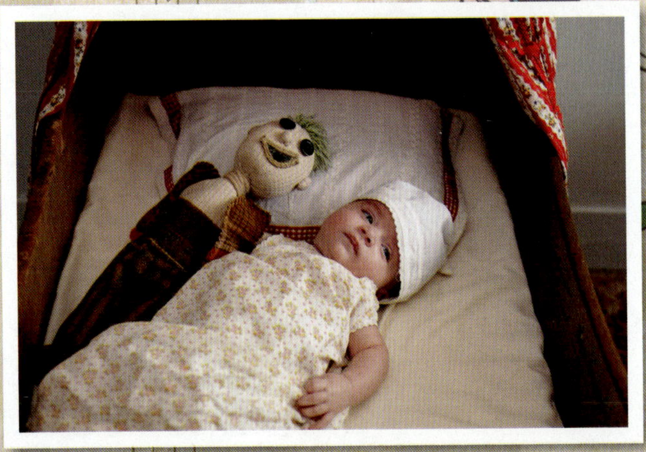

Séraphin.

Que regarde Dick le petit chien dans l'appareil ?

Une vue de la Comédie Française de jour… et de nuit.

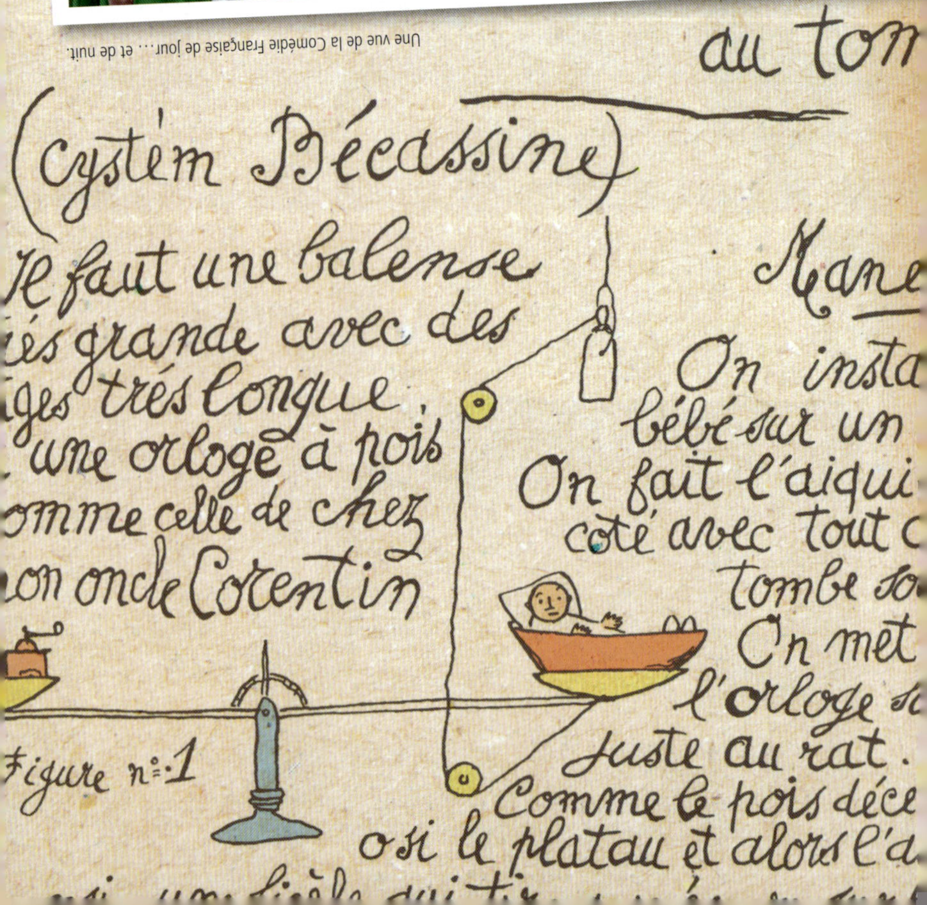

Pourquoi Hilarion rouspète-t-il ?

Parce qu'il a trouvé une tétine pleine de sauce dans le lapin.

Qu'est-ce que le chauffeur Cyprien est en train de montrer ?

Le prototype d'un éjecteur d'œuf dessiné par Bécassine.

Comment s'appelle ce personnage et quel est son métier ?

M. Rastaquouéros est marionnettiste.

Si tout ça est bien calculé juste à l'heur

bébé a fin sa bouche
au biberon. (Figure n°2) Il boi ça le fa
lourd alors son platau re
Le bébé est a peine ~~revélé~~ réveilé
et la nounou ne l'é pas du tout

• L'inventeuse
Bécassine

Qu'est-ce qui est accroché à chaque ballon ?

Les vœux de chacun dans une petite enveloppe.

Quel est le vœu de Loulotte ?

Elle a dessiné une voiture.

Qu'est-ce que la marquise et Rastaquouéros ont comme idée pour faire croire que tout va bien au château ?

Organiser une fausse fête pour rassurer tous ceux à qui ils doivent de l'argent.

Pourquoi Bécassine traverse les pièces du château en gardant ses bras levés ?

Pour ne pas perdre sa mesure entre la casserole et le coquetier.

Est-ce que Bécassine sait bien se servir du téléphone ?

Non, car elle ne parle pas près du combiné et elle le raccroche pour faire patienter Rastaquouéros à l'autre bout du fil.

Avec qui danse Bécassine ?

Avec la silhouette de Rastaquouéros.

Pourquoi M. Proey-Minans agite-t-il cette pancarte ?

Pour faire rire les employés du château.

Quel est l'appareil posé devant le groupe ?

Un dictaphone qui enregistre leurs voix pour faire croire plus tard qu'il y aura de nombreux invités au château.

Quelle est l'idée de Bécassine avec cette petite lampe et son parapluie ?

S'en servir comme d'un ballon pour porter sa lettre au-dessus du mur du pensionnat.

Que présente cette annonce ?

C'est une publicité pour l'éjecteur d'œuf inventé par Bécassine.

Que raconte Bécassine à son oncle Corentin ?

Elle lui raconte que la marquise est ruinée, que le personnel a été licencié sauf elle et que Loulotte va aller en pension.

Quel cadeau Rastaquouéros offre-t-il à Loulotte ?

Une « mini-Fringante» à pédales.

Comment s'appelle le vélo utilisé par Bécassine ?

Un tandem.

Qui Bécassine va-t-elle aller chercher en voiture ?

Loulotte !

BÉCASSINE !

BÉCASSINE !

D'APRÈS L'ŒUVRE DE CAUMERY ET PINCHON

L'histoire du film par Bruno Podalydès

hachette
ROMANS

Conception du cahier-photo : William Picot.

Photographies : Anne-Françoise Brillot.

Hachette Livre, 58, rue Jean-Bleuzen, 92170 Vanves.

Chapitre 1
LA PETITE SOURIS

Au début de cette histoire, Bécassine a tout juste six ans, elle est haute comme trois pommes et vit dans une pauvre fermette près du village de Clocher les-Bécasses en Bretagne. Aujourd'hui comme tous les jours, elle reste seule dans la maison, ses parents s'étant levés très tôt pour aller travailler aux champs.

Depuis une heure, Bécassine arpente la cour de la ferme en remuant sa dent de lait qui refuse de tomber.

Une idée lui vient. Elle court vite vers sa maison et fouille dans les tiroirs de la cuisine à la recherche de quelque chose... Dans un panier, elle trouve enfin ce qu'elle voulait : de la ficelle très fine. Elle en attache un bout à sa dent et l'autre à la poignée de la porte d'entrée. Elle s'assoit sur une chaise, le fil tendu jusqu'à la porte, et elle attend.

Elle patiente longtemps. Personne ne vient.

Elle va pour s'endormir quand soudain elle entend les cochons s'agiter dans la cour. Quelqu'un arrive.

Elle aperçoit par la fenêtre une silhouette qui lui est familière : c'est son cher oncle Corentin qui passe par là en tenue traditionnelle bretonne, fusil en bandoulière.

Bécassine, sans bouger, l'appelle :

« L'oncle ! Viens ! »

L'oncle, surpris, s'arrête et tend l'oreille. Une petite voix derrière la porte le supplie :

« L'oncle ! Au secours ! Aide-moi ! »

L'oncle, très inquiet, presse le pas et ouvre en grand la porte, emportant dans les airs Bécassine. Même la porte suit, arrachée !

L'oncle se précipite sur Bécassine, échouée par terre un peu plus loin dans la cour. Elle se relève souriante et montre triomphalement sa dent au creux de sa petite main. L'oncle n'en croit pas ses yeux.

« Eh ben dis donc, t'es une costaude toi ! »

Bécassine, même si elle saigne un peu de la bouche, crie sa joie.

« Bien le merci, l'oncle ! La p'tite souris va passer ce soir ! »

★

Le soir, au dîner, les parents, épuisés par leur labeur, aspirent bruyamment leur soupe. La mère remarque que Bécassine garde son petit poing serré.

« Pourquoi, Bécassine, tu tiens ta main toujours fermée ?

– Parce qu'il y a ma dent dedans et que je ne veux pas la perdre. Bonne nuit papa, bonne nuit maman. »

Les parents sont surpris de voir leur fille aller se coucher si tôt. Mais ils sont si fatigués que leurs têtes s'inclinent au-dessus de leurs grands bols jusqu'à plonger et ronfler dans la soupe.

Bécassine a posé délicatement sa dent sous l'oreiller et, nerveuse, attend la petite souris qui ne vient pas.

Elle ouvre un œil, croyant entendre un léger bruit. Vite, elle soulève son oreiller : mais non, sa dent est toujours là, pas de souris.

Elle s'allonge à nouveau et se force à fermer les yeux. Au bout d'une minute, elle entrouvre encore un œil pour voir… puis le referme. Elle ouvre l'autre œil : toujours rien. Pas de petite souris dans les environs.

Elle s'endort enfin, bercée par les longs ronflements de ses parents.

*

Les premiers rayons du soleil dorent la campagne.

Perché sur le puits, le coq chante l'air de *La Marseillaise* à n'en plus finir. Toutes les poules énervées lui caquètent :

« Chut ! Chut, le coq ! »

Bécassine se réveille vivement et soulève son oreiller : sa petite dent est toujours là. La souris n'est pas passée !

Très déçue, Bécassine sort dans la lumière du jour et va saluer ses deux petits cochons déjà en train de déguster des pommes.

« Bonjour, Trompette. Bonjour, Tromblon... »

L'oncle Corentin revient de la chasse en tenant par les oreilles un gros lièvre mort. Il découvre Bécassine désemparée, debout au milieu de la cour.

« Ben alors ma petite Bécasse, tu as l'air malheureuse comme les pierres !

– Elles sont malheureuses, les pierres ?

– Eh ben... oui !

– Ben moi aussi : la p'tite souris n'est pas venue ! »

Corentin perçoit les lourds ronflements des parents et comprend :

« Mais si, elle est venue ! Mais elle a eu peur des ronrons de tes parents ! Alors va leur pincer le nez pour arrêter d'effrayer la petite souris ! »

Bécassine court vers le lit de ses parents et avec ses deux mains leur pince fermement le nez. Elle est rouge d'effort. Le son des ronflements devient très aigu. Dès qu'elle relâche les nez, le concert recommence.

Pendant ce temps, Corentin entrouvre la fenêtre de la chambre et, avec habilité, attrape la dent minuscule avec le canon de son fusil. Il la glisse dans sa poche droite et ressort de la poche gauche une sorte de petite boule noire un peu écrasée qu'il dépose à la place sous l'oreiller. Il referme doucement la fenêtre.

Impatiente, Bécassine revient vers son lit, éjecte l'oreiller et découvre la petite boule noire.

Corentin, dehors, est surpris de voir Bécassine sortir furieuse et marcher vers le puits pour y jeter la boule noire.

« Ben, ma grande, qu'est-ce qu'il y a ? Elle est pas venue, la petite souris ?

– Si ! Mais elle est vilaine, bien le merci ! Elle m'a laissé comme cadeau une crotte de bique !

– Une crotte de bique ? Fais voir ! »

Bécassine ouvre sa petite main. L'oncle s'exclame :

« Oh ! Ça alors, c'est extraordinaire ! C'est merveilleux !

– Qu'est-ce qui est merveilleux ?

– Tu tiens dans ta main la graine d'un arbre... très rare !

– "Très rare" ?

– Oui, un arbre... BLEU ! »

Bécassine ne devine pas que l'oncle improvise son histoire.

« Quand l'arbre aura grandi… tu pourras lui confier tes secrets, et il te consolera toujours.

– Ouah !… Et il pourra consoler le lièvre, là ? »

Bécassine montre le lièvre mort, les yeux mi-clos, à la ceinture de son oncle.

« Mais non ! L'arbre bleu ne consolera que toi, mais il faut bien que tu t'en occupes ! Et réfléchis où tu vas planter ta graine, c'est très important ! Quel est ton endroit préféré, ici ? »

Bécassine, sans dire un mot, sort en courant de la ferme et remonte un chemin creux jusqu'à la route départementale.

À côté d'une borne kilométrique jaune, elle creuse un trou et y enfouit sa graine noire.

« Adieu, petite crotte de graine. »

Bécassine rebouche le trou et, parmi la terre retournée, ramasse quelques pierres qu'elle glisse dans sa poche.

« Et vous les pierres, je vous garde pour que vous ne soyez pas abandonnées. Pauvres petites pierres malheureuses ! »

Bécassine revient avec un gros arrosoir et verse un filet d'eau sur la terre fraîchement remuée.

Chapitre 2

LA LETTRE AUX ANIMAUX

L'arbre bleu a grandi. Il est plutôt vert. Il mesure un bon mètre. Et Bécassine aussi a grandi ! Elle a maintenant douze ans.

La jeune fille adossée à la borne jaune lit, non sans difficulté, les célèbres contes de Perrault.

« Le mariage du prince et de la Belle au bois dormant fut célébré avec un faste exè… essque, essep… sionnel dans le beau château du roi et de la reine… »

Songeuse, Bécassine regarde au loin, sur un coteau, la haute silhouette du château de la marquise.

« Il doit se passer de belles histoires dans ce château… avec des princesses et des… »

Bécassine sursaute : à ses pieds, un crapaud l'observe.

« Oh, ma Doué ! »

Bécassine se redresse et tente une maladroite révérence.

« Monsieur le Prince… Faites excuse… Je… »

Le crapaud ignore la jeune fille et, en petits bonds, disparaît dans les hautes herbes.

Bécassine sursaute à nouveau au bruit d'un terrible grognement provenant d'un bosquet. Elle s'arme d'un bout de bois et s'avance. Elle a de plus en plus peur. Elle repense à l'image effrayante de son livre où le loup montre ses crocs avant de manger le Petit Chaperon rouge…

« C'est-y quelle horrible bête je vais trouver là ? »

Elle lève son bâton et s'approche encore…

Une forme noire respire lentement au pied d'un arbre.

Elle découvre son oncle Corentin en train de ronfler bruyamment, son fusil à la main. Il porte une tenue de camouflage ridicule faite de quelques feuilles fichées dans un filet à grosses mailles.

Bécassine s'assoit à ses côtés pour le regarder dormir. Elle s'amuse de voir son oncle lutter en rêve contre un ennemi invisible. Soudain l'homme avec ses grands bras attrape Bécassine et tente de l'étrangler, comme si c'était un animal sauvage.

« L'oncle ! Arrête ! C'est moi, Bécassine ! »

Heureusement, Corentin se réveille en sursaut.

« Oh ! Excuse-moi, je rêvais d'un canard, que j'attrapais un gros canard !

– Tu chasses, l'oncle ?

– Oui, enfin, là… Je suis plutôt dans une phase de dissimulation… À sentir, observer le gibier… Mais demain, oui, je chasse ! Ça va défourailler, fais-moi confiance ! »

Bécassine, très inquiète de cette nouvelle, ne sait pas quoi dire à son oncle pour l'empêcher de chasser.

« Tu veux voir mon arbre bleu ?

– Oh oui ! »

L'oncle Corentin et Bécassine arrivent près de l'arbre bleu au bord de la route. L'oncle siffle d'admiration.

« Eh ben, il pousse bien, ton arbre !

– Bah oui, mais il est vert.

– … Ben oui, oui oui… C'est très normal… Il est vert… de peur !

– Peur de quoi ?

– Mais de tout ! Il a peur des courants d'air, de l'orage… de… de… »

Arrive à ce moment-là Marie Quillouch. Elle a douze ans, comme Bécassine, et louche fortement. Elle porte à la ceinture une sorte de sacoche qui contient des outils, pinces et couteaux. Elle ricane en montrant du doigt l'arbre.

« Ha ha ! C'est un arbre trouillard, voilà ! Ha ha ha ! »

Bécassine et l'oncle Corentin lui disent gentiment bonjour, mais elle ne leur répond pas. Elle tourne silencieusement autour de l'arbre et finit par lui donner une claque.

« Il a pas de pot l'arbrisseau ! Il a peur, mais il peut pas s'enfuir ! Hé, hé, hé, hé ! »

Elle s'éloigne sur la route en ricanant toujours bizarrement.

★

Il fait encore jour, mais c'est déjà l'heure du dîner. Après sa dernière cuillère de soupe, Bécassine demande à ses parents si elle peut quitter la table. Devant leur silence, elle se rend compte que ses deux parents épuisés dorment déjà, la tête dans leur bol.

Bécassine revient en courant vers son arbre « bleu ».

« Je suis chagrine : l'oncle repart à la grande chasse demain, et il va encore tuer un tas d'animaux qui zy sont pour rien. »

L'arbre oscille dans le vent… Rien ne se passe. Bécassine caresse une petite feuille… qui se détache… et reste dans sa main. Cela lui donne une idée !

« Mais oui ! Mais oui ! Mais oui ! Une feuille ! Sur une feuille ! »

Bécassine repart en courant vers sa maison.

★

La nuit est tombée. Bécassine, une pile de papiers à la main, referme doucement la porte de la ferme et descend vite le chemin creux. On devine sa chemise de nuit toute blanche dans l'obscurité de la campagne.

Bécassine s'arrête devant le petit bois touffu et sombre.

« Même pas peur ! »

Et, vaillante, elle pénètre dans l'obscurité des arbres. Elle sursaute au craquement d'une branche, au brusque envol d'un oiseau de nuit. Sur une souche verte de mousse, elle pose une première feuille de papier bien en évidence. On peut y lire son mot d'une écriture maladroite, avec de grosses fautes d'orthographe :

Toute les bettes, tous lé oisos fau vous sauver.
l'oncle coventin chasse demîn !

Comme le petit Poucet, Bécassine sème ses feuilles toujours plus loin dans la forêt.

« Ce sera facile de retrouver mon chemin, je n'aurai qu'à remonter la file de mes petits papiers ! »

Mais la dernière feuille qu'elle a posée sur un champignon s'envole sous une bourrasque, et Bécassine s'enfonce toujours plus loin dans la forêt.

Un orage pointe et gronde de plus en plus fort. Le ciel se zèbre d'éclairs. Une pluie froide commence à tomber à grosses gouttes et trempe la chemise de nuit de Bécassine. Complètement perdue, elle gravit une pente pleine de ronces et d'orties.

Arrivée péniblement au sommet, elle entrevoit une lueur au loin. C'est une fenêtre allumée du château de la marquise ! Bécassine court vers la grille d'entrée qui, fermée à clé, refuse de s'ouvrir. La jeune fille agite la cloche en vain.

« Madame la Marquise ! Aidez-moi ! »

Pas de réponse. Bécassine sonne encore. La pluie redouble. Bécassine grelottante repart dans le bois en titubant de fatigue.

★

Aux premières lueurs du jour, une forte détonation retentit. L'oncle Corentin est en chasse. Il croit déceler un animal dans les fourrés et pointe son canon en marchant à pas feutrés. Mais il s'arrête, car à son pied est collé un étrange bout de papier trempé. Intrigué, il le déplie et tente de lire l'écriture maladroite de Bécassine.

« … Toute les bettes, tous lé oisos fau vous sauver… »

Il soupire et range la lettre dans sa veste quand il reconnaît une autre feuille identique un peu plus loin. Il passe son fusil en bandoulière et remonte cette piste. Sa grosse voix tonne dans le vallon.

« BÉCASSIIIIIINE ! »

L'oncle tire un coup de feu en l'air pour se signaler. La forêt se tait soudainement. Dans le silence, l'oncle perçoit un petit gémissement un peu plus bas. Il bondit et découvre Bécassine au creux d'un arbre mort, recroquevillée sous de sombres racines tortueuses, couverte de feuilles et de mousses.

« Ma Bécasse !… Mais tu es trempée ! »

L'oncle Corentin attrape la jeune fille et la hisse sur ses épaules comme une biche blessée.

« Allons vite nous mettre au chaud ! »

★

Une heure plus tard, dans sa douillette maison villageoise, l'oncle Corentin frictionne énergiquement Bécassine pour la réchauffer. Comme lorsqu'elle était petite, il la fait sauter fort et haut sur ses genoux.

« Au pas, au trot, au galop, au galop, au galop ! Ha ha ha ! »

L'oncle Corentin fouille dans une vieille malle à la recherche de vêtements secs.

« C'est que je n'ai pas d'habits pour une petite loupiote comme toi, moi ! Ah si, ben y aurait bien ça... C'est joli, c'est picard. »

L'oncle se redresse et présente à Bécassine une tenue verte.

« En attendant, ça pourra bien faire l'affaire...

– Oh... c'est beau !

– Essaye donc ! »

Bécassine s'habille en chantonnant, cachée par une porte d'armoire. L'oncle attend le résultat avec impatience.

La jeune fille se présente enfin, souriante, dans son célèbre costume qu'elle ne quittera plus.

« Tu es magnifique, Bécassine ! »

Toute heureuse, Bécassine boit du lait chaud dans un très grand bol. Soudain, soucieuse, elle redresse la tête et demande à son oncle :

« Tu as tué des animaux aujourd'hui ?

– Ben non… Ils étaient tous partis !

– … Ils ont lu ma lettre, c'est bien. »

Il pince la joue de Bécassine.

« Mais j'ai trouvé une drôle de bestiole trempée ! Dis donc, tes parents vont s'inquiéter !

– Oh, à c'te heure, ils sont déjà aux champs !

– Ils ont bien du courage tu sais ! Métayer, c'est dur !

– Ça veut dire quoi, qu'ils sont métayers ?

– Métayers, ça veut dire qu'ils donnent la moitié de leur récolte au propriétaire et ont à peine de quoi se nourrir…

– C'est pour ça… Ils veulent que je rentre en apprentissage…

– Ben oui, ma Bécasse, tu as l'âge, tu es grande maintenant ! Si tu te débrouilles bien, tu pourras aller travailler à la capitale !

– Moi je voudrais aller à Paris pour voir Paris. Et voir la tour Eiffel… les grands magasins… et les voitures… »

Bécassine s'apprête à sortir quand elle se rend compte que le ciel est toujours d'un noir menaçant. Corentin alors décroche un parapluie rouge et le lui tend.

« Cadeau pour toi ! »

Bécassine s'extasie.

« Oooooooh le beau parapluiiiiiiie ! Avec une tête de canard !

– Je l'ai acheté à Paris, à la Samaritaine ! Un magasin immense ! »

Elle va pour l'ouvrir, mais l'oncle Corentin l'en empêche.

« Surtout pas dans la maison, malheureuse ! Ça porte malheur !

– Oui, mais si je l'ouvre dehors, il risque d'être mouillé ! »

L'oncle la regarde, attendri.

« Allez, file ! »

Fière de sa nouvelle robe verte et de son beau parapluie rouge, Bécassine remercie son oncle et s'incline en une très jolie révérence. Elle tourne les talons, ouvre le parapluie et s'en va, fredonnant un air joyeux, sous le regard bienveillant de son oncle qui la contemple en train de sauter maladroitement au-dessus d'une flaque d'eau et reprendre sa chanson de plus belle.

Chapitre 3

BÉCASSINE EN APPRENTISSAGE

Au lavoir du village, huit lavandières essorent leur linge dans un nuage de bulles.

Bécassine parmi elles, avec son lourd battoir, s'acharne sur une chemise. À ses côtés, Marie Quillouch joue à crever les bulles de savon virevoltantes. À chaque éclatement, elle jubile de son rire bizarre. Bécassine arme son battoir comme une raquette pour viser une grosse bulle valsant devant elle. Son battoir balaie l'air avec force et termine sa course sur la face de Marie Quillouch, qui tombe assommée.

« Oh, la Marie ! Pardon ! »

*

Bécassine travaille aujourd'hui dans une ferme voisine. Elle pousse une lourde brouette chargée de purin, en équilibre sur une planche au-dessus d'un tas de fumier. Mais son pied glisse. Elle s'étale de tout son long sur la planche. La brouette se cabre en arrière et verse toute sa boue noire et puante sur la tête de Bécassine.

La semaine suivante, Bécassine travaille au village dans un atelier de couture. La chef-couturière, d'un ton sévère, explique à Bécassine ce qu'elle attend d'elle :

« C'est simple, mademoiselle Bécassine, vous allez coudre ces initiales "RG" ici sur chaque mouchoir, et sur les autres, idem. »

Consciencieusement, Bécassine s'attelle à la tâche. Elle est toute fière de se servir de la belle machine à coudre qui pique le tissu à un train d'enfer.

Une heure plus tard, la chef-couturière revient pour vérifier le travail accompli. Elle chausse ses petites lunettes et constate que Bécassine, sur tous les mouchoirs, à la place des initiales « RG », a cousu le mot « IDEM ».

La couturière, furieuse, lui indique la porte.

*

Les bras chargés de grands fagots de bois, Bécassine croise Marie Quillouch avec son père en train de tirer un chariot de rémouleur.

« Salut, la Marie ! »

Marie Quillouch s'arrête et regarde Bécassine d'un air mauvais. Elle reçoit une torgnole de son père.

« Alors, t'avances, la bourrique ? »

À cet instant, la voiture jaune de la marquise passe en trombe, laissant dans son sillage tout le monde songeur.

*

Chaque soir, Bécassine arrose son arbre bleu, qui grandit à peine. Puis, comme tous les soirs, la jeune fille s'adosse à la borne jaune indiquant « Paris : 460 km ». Alors, songeuse, elle laisse voyager ses pensées vers la capitale qu'un jour, c'est sûr, elle rejoindra.

Chapitre 4
BÉCASSINE S'EN VA À PARIS

Durant toutes ces années, Bécassine est venue chaque jour au bord de la route arroser son arbre bleu. Il a maintenant la taille d'un arbuste, et Bécassine est devenue une jeune femme.

Bécassine est postée devant avec son baluchon, prête à partir, quand elle entend un petit craquement de l'autre côté de la route.

« L'oncle ! Je sais que tu es là ! »

L'oncle Corentin émerge d'un fourré, doté d'une excellente tenue de camouflage. Des branches feuillues couvrent tout son corps. On dirait un buisson ambulant !

Bécassine lui montre le petit baluchon au bout de son parapluie.

« J'm'en vais z'à Paris !

– C'est aujourd'hui que tu pars ?

– Oui ! Hé, dis : t'arroseras mon arbre bleu ?

– Oui, oui… promis. »

Ils se prennent dans les bras et se serrent fort. Bécassine, émue, s'engage sur la route.

« Et la tour Eiffel, dès que j'arrive je grimpe dessus.

– C'est bien !

– La plus belle vue de Paris !

– Ah non !

– Ah non ? Pourquoi ?

– Parce que tu ne verras pas la tour Eiffel !

– Pourquoi ?

– Parce que tu seras dessus !

– Ah oui, zut ! »

Bécassine s'arrête et réfléchit.

« Je sais ! Il faut construire la même tour en face ! Comme ça on verra tout Paris vu de haut et AVEC toujours la tour Eiffel en face !

– C'est juste ! Au revoir, Bécassine… »

Bécassine s'éloigne sur la route en marchant d'un bon pas. Elle saute joyeusement au-dessus d'une flaque d'eau.

Quand la mère de Bécassine voit arriver sa fille à l'entrée du champ, elle laisse tomber son harnais de charrue et, les pieds lourds de terre, court vers elle. Le père, troublé, pousse n'importe comment le soc de charrue et dévie complètement du sillon tracé.

Les trois s'enlacent et tournent sur place comme une petite danse improvisée.

« Je vais revenir, je vous promets ! »

Bécassine ouvre son baluchon où l'on distingue peu de vêtements, mais beaucoup de victuailles, un clairon, un gros coquillage, des pierres « malheureuses ».

« Je vous donne mes pierres…

– Tu es sûre de vouloir partir ? Tu ne veux pas continuer de t'occuper des veaux de la mère Loingebeuil ?

– Ben non, j'en peux plus, moi, des veaux, de la lessive, des moissons, des vendanges… Regarde la fille Riteuche, elle a trouvé tout de suite du travail dans les beaux quartiers !

– C'est loin, Paris, tu n'as pas assez d'argent pour payer le train…

– Je ferai des petits travaux sur mon chemin ! »

La mère salue tristement sa fille, qui reprend le chemin. Le père, trop ému, ne lève pas les yeux de ses sabots.

Quand Bécassine disparaît au premier virage, ils retournent lentement à leur labeur.

★

En arrivant à un carrefour, Bécassine découvre un panneau indiquant à gauche « GUINGOIS » et à droite « PARIS ».

« C'est déjà marqué Paris ! Alors, c'est pas si loin ! Il y a qu'à prendre par là ! »

Et Bécassine, d'un bon pas, suit la direction de Paris.

Elle marche longtemps. Elle titube de fatigue, mais ne s'accorde aucune pause. Soudain, son visage s'éclaire d'un grand sourire. Elle aperçoit au loin au bout de la route la pointe de la tour Eiffel.

« La voilà ! La voilà ! J'arrive, Paris ! »

Mais sa vue se trouble, et la tour Eiffel à l'horizon disparaît comme un mirage. Bécassine s'affale d'épuisement sur le bord de la route.

★

Après une bonne heure de sommeil, Bécassine reprend sa longue marche. Elle aperçoit des mûres sur le talus. Elle y plonge la main.

« Aïe !!!!!! Aïe aïe aïïïïïe ! »

Une ronce l'a piquée. Elle se suce le pouce pour aspirer le sang et continue de marcher, le pouce en l'air, un peu comme si elle faisait de l'auto-stop.

La puissante voiture jaune décapotée de la marquise arrive dans son dos. Va-t-elle s'arrêter ? Non, elle passe en trombe. Bécassine siffle d'admiration.

« Oh, la belle automobile !… C'était madame la Marquise ! »

Bécassine reprend sa marche, seule dans la paisible campagne. Passé le coteau, elle découvre la voiture de la marquise arrêtée plus loin au milieu de la route. Le chauffeur ouvre le capot et se penche sur le moteur.

Bécassine s'approche. La marquise est assise à l'arrière avec son petit chien. À ses côtés, un homme bien mis, M. Proey-Minans. À l'avant, Marie Quillouch tient un bébé dans ses bras en train de pleurer, ce qui contrarie la marquise.

« Je savais que c'était une très mauvaise idée, cette promenade en voiture ! »

Le bébé hurle, le chien aboie, la voiture ne redémarre pas. Le visage du chauffeur se congestionne quand il s'agit de faire tourner la manivelle récalcitrante.

Marie Quillouch lève sa main sur le bébé criant.

« Et celle-là, tu la veux ? »

La marquise tente d'arrêter le geste de la jeune fille.

« Non, mademoiselle !

– Ben, prends-la quand même ! »

Le bébé reçoit une claque ! Il hurle de plus belle. La marquise et M. Proey-Minans se lèvent d'indignation.

« C'est la troisième fois, mademoiselle ! Ça suffit ! Donnez-moi cet enfant immédiatement et n'y touchez plus jamais !

– Bah, Madame, ça se dresse comme des jeunes veaux à c't'âge ! Et puis, une petite torgnole, ça n'a jamais fait de mal à personne, regardez-moi ! »

La Marie les regarde en louchant fort. Après l'avoir sévèrement dévisagée, la marquise lui arrache le bébé des bras.

« Vous êtes congédiée. Vous sortez de cette voiture immédiatement !

– Et mes gages ? »

M. Proey-Minans, outré, lui ouvre la porte.

« Vous irez au château demain chercher vos gages. »

Le petit chien aboie encore. Marie Quillouch l'attrape par le cou et commence à l'étrangler. M. Proey-Minans lui tape fort sur la main pour la faire lâcher prise.

« Criminelle ! Saleté, va ! »

Marie Quillouch repousse le petit chien et saute de la voiture. Elle croise Bécassine, qui la salue d'un grand sourire.

« Marie ! »

Marie Quillouch d'abord la frôle sans lui répondre. Puis elle se retourne brusquement et s'avance vers Bécassine en la pointant du doigt, menaçante.

« Dis rien à mon père ! Il va encore m'en coller une parce que j'aurais pas gardé ce travail. »

Elle enjambe le talus et disparaît dans le bois.

La marquise berce le bébé, qui ne cesse de pleurer.

« Cyprien, retrouvez-moi son doudou, vite ! »

La marquise tente une petite chanson.

« Comme il est doux, le printemps qui vient, chante la petite mésange… »

M. Proey-Minans lève les yeux au ciel.

« Qu'est-ce que c'est nunuche, ces paroles…

– Vous feriez mieux de chanter vous aussi !

– Je veux bien faire l'oiseau…

– Eh bien allez-y, faites l'oiseau ! »

M. Proey-Minans pince ses lèvres et sifflote approximativement. Le bébé crie de plus en plus fort. Bécassine, n'y tenant plus, s'approche.

« Oh le petit chou ! C'est trognon ! Le trésor ! Oh le pioupiou !

– C'est une fille… »

Bécassine semble ne pas écouter la marquise, tant elle est fascinée par ce petit être devant elle. Elle agite son parapluie telle une marionnette.

« Bonjour, petite fille, tu n'es pas contente ? »

Le bébé pleure toujours. Une idée lui vient. Elle ouvre son baluchon et en sort un clairon qu'elle fait sonner fort. Le bébé s'arrête net de pleurer, étonné, puis grimace à nouveau.

Bécassine lui propose un saucisson, sans succès. M. Proey-Minans s'en offusque.

« Un saucisson ! À un nouveau-né ! »

Alors, Bécassine cueille une fleur sur le bord de la route et la lui tend. Le bébé s'arrête de pleurer pour découvrir la marguerite.

Cyprien sort d'une valise cinq peluches.

« Je ne sais pas laquelle est actuellement l'élue… »

La marquise l'arrête d'un geste et désigne Bécassine, qui a saisi le bébé dans ses bras et le brandit au-dessus d'elle.

« Elle est amour… Comme tous les amours réunis… »

Tous restent cois. La marquise prend son ton le plus aimable.

« Et vous alliez où de la sorte ?

– À Paris !

– Ah, mais la gare de Guingois est dans votre dos… À quatorze kilomètres… Et Paris, quatre cent quarante…

– Je ne suis pas pressée ! répond Bécassine avant de regarder le bébé. Tu t'appelles comment, ma jolie ?

– Loulotte, précise la marquise.

– Loulotte ?

– Louise-Charlotte… Mais nous l'appelons…

– … Loulotte… »

S'adressant à M. Proey-Minans, Bécassine demande :

« Et le papa, c'est vous ? »

Cyprien, le chauffeur, est très choqué par cette question inconvenante.

« Enfin ! Mademoiselle ! »

M. Proey-Minans rit bizarrement en rougissant de plus en plus. La marquise interrompt ses gloussements gênés qui n'en finissent pas.

« Bon, ça suffit, Adalbert ! (À Bécassine :) C'est une pauvresse que nous avons adoptée… La fille de mes anciens jardiniers qui ne pouvaient… Enfin, une histoire… triste. »

Bécassine fait des papouilles au bébé amusé. La marquise lui suggère de son ton le plus aimable :

« Venez dormir à la maison ! Vous allez nous aider pour ce soir, vu que nous n'avons plus de nourrice ! »

M. Proey-Minans tente de lui glisser quelques mots, contrarié par cette prompte proposition.

« Nous ne pourrons pas la payer… »

La marquise ignore sa remarque.

« Montez, mademoiselle… Mademoiselle ?

– Bécassine ! »

M. Proey-Minans s'amuse de ce drôle de nom. La marquise le présente :

« Et voici M. Proey-Minans mon homme de confiance enfin… mon… mon… »

Elle cherche ses mots, confuse, ce qui semble contrarier son voisin.

« Allez, en route, Cyprien !

– Le roi de la manivelle ! »

Cyprien essaye toujours en vain de démarrer la voiture.

M. Proey-Minans s'impatiente.

« Il est d'une mollesse ! »

Bécassine ressort de la voiture, s'empare de la manivelle et, d'un tour, relance le moteur, au nez de Cyprien.

« Merci, mademoiselle… Il ne fallait pas…

– Oh, ben, il y a pas de mal, c'est comme pour remonter le seau du puits, ça ! »

La voiture décapotée accélère sur la petite route. Bécassine, coiffe au vent, crie au chauffeur de rouler encore plus vite. Après un regard au rétroviseur vers sa patronne, Cyprien passe la cinquième vitesse !

La marquise, complètement décoiffée par le courant d'air, enfile à son chien des lunettes de pilote qui lui vont très bien.

Enivrée de vitesse, Bécassine serre fort Loulotte dans ses bras.

Chapitre 5
LOULOTTE ET SÉRAPHIN

Les grilles du parc s'ouvrent, et la voiture jaune s'engage lentement dans l'allée qui mène au château. Bécassine reste bouche bée en découvrant la voûte majestueuse des arbres et la profondeur des jardins.

La voiture s'immobilise devant le large perron. Hilarion, le maître d'hôtel, s'avance pour ouvrir la portière à la marquise, qui lui tend tout de suite son chien.

« Posez-le par terre. Hilarion, vous vous occuperez de Mlle Bécassine, qui va s'occuper de Loulotte ce soir.

– Bien, Madame. »

Avant d'entrer dans le salon, la marquise se retourne et se rend compte que son petit chien a laissé un gros caca sur le pavé.

« Enfin, Dick, vous n'y pensez pas ! Vous vous croyez où ? »

Hilarion indique l'entrée à Bécassine.

« Si vous voulez bien me suivre, mademoiselle Bécassine.

– Vous pouvez m'appeler Bécassine, tout simplement.

– Bien, Bécassine. Je vais vous conduire à votre chambre. »

Hilarion ramasse une peluche tombée par terre et la tend à Loulotte, qui n'en veut pas. Bécassine lui présente la joue du bébé.

« Donnez-lui plutôt un petit bécot.

– Hein ?

– Un petit bécot, quoi ! »

Bécassine simule des petits bisous en l'air. Le maître d'hôtel vérifie par-dessus son épaule que personne ne l'observe et dépose une rapide bise sur la joue du bébé.

« Eh ben voilà, ça ne mange pas de pain ! »

★

En pénétrant dans le château, la jeune femme est impressionnée par ce qu'elle pense être luxueux : un grand tableau représentant la marquise auquel elle adresse une courte révérence, des tableaux d'ancêtres intimidants, de l'argenterie disposée sur un lourd buffet.

Mais une moulure tombe du mur sur un clavecin, émettant une note étrange. Une larme de verre se décroche du lustre central et se brise sur le carrelage en un son cristallin.

Tandis que Loulotte dort paisiblement, Bécassine mastique une tranche de saucisson en inspectant sa nouvelle chambre en soupente. Elle entrouvre une porte et découvre une petite salle d'eau.

Bécassine ouvre et ferme le robinet au-dessus d'un lavabo. L'eau s'en écoule à sa demande.

« De l'eau – pas d'eau – de l'eau – pas d'eau... C'est ça l'eau "courante"... Elle court ! C'est extraordinaire ! »

Heureuse, elle se met à danser toute seule dans la chambre. Elle s'arrête net et découvre un interrupteur à l'entrée. Elle l'actionne. La lumière au plafond jaillit. Bécassine est émerveillée.

« L'éclairage éclectique... Ouaaaaah ! »

Elle éteint, elle rallume. Elle éteint, elle rallume...

On voit ainsi une petite fenêtre qui clignote longtemps sous les toits du chateau.

On entend alors les pleurs de Loulotte.

Bécassine fait des cercles dans la chambre en berçant la petite dans ses bras. Elle chantonne en boucle « Ya une pie dans l'poirier ».

« Ya une pie dans l'poirier, j'entends la pie qui chante, y a une pie dans l'poirier, j'entends la pie chanter. »

La nuit se prolonge ainsi. Bécassine tourne toujours en rond, les yeux mi-clos, en fredonnant machinalement. Elle bâille à n'en plus finir.

Encore plus tard, Bécassine dépose enfin délicatement le bébé dans son berceau. Mais en se relevant, ses bras restent tendus, bloqués, malgré elle, dans la même position de portage, tellement elle est ankylosée.

« Oh là là, toutes les fourmis que j'ai ! »

Elle s'éloigne sur la pointe des pieds en assourdissant ses pas au maximum. Le parquet grince. Bécassine grimace à chaque craquement. Elle est épuisée et aimerait dormir. Le bébé se réveille à nouveau. Découragée, Bécassine s'effondre sur son lit. C'est alors qu'elle aperçoit quelque chose par terre…

Bécassine ramasse un bouton de vêtement, ce qui lui donne une idée. Elle ouvre vite son baluchon pour y choisir un bout de tissu, une aiguille et un autre bouton.

Voilà, Bécassine est contente : pour Loulotte, elle vient de coudre un doudou très personnel et assez comique. Les boutons font les yeux, un trou en travers pour la bouche, et une touffe d'embrasse de rideau pour les cheveux !

« Voici Séraphin, ton nouveau copain ! »

Loulotte adopte tout de suite Séraphin en lui tapant dessus.

Bécassine, sans sa coiffe, écrasée de fatigue, se couche enfin dans son lit blanc et propre. Elle joue encore un peu avec l'interrupteur de sa table de nuit. Lumière, noir, lumière, noir… et enfin laisse échapper un grand soupir dans la douce pénombre.

Mais un petit sanglot de Loulotte monte jusqu'à elle…

Bécassine, avec un sourire hébété, somnole avec le bébé dans les bras, en ayant planté par erreur le biberon dans la bouche de Séraphin au lieu de celle de Loulotte.

★

Le jour est levé. Hilarion entre dans la chambre et découvre Bécassine étalée sur la chaise, assoupie inconfortablement près du lit de Loulotte, qui dort enfin. Elle sursaute quand elle découvre Hilarion penché sur elle.

« Madame la Marquise souhaite que votre séjour auprès de Loulotte se prolonge. Il serait bon désormais que je vous présente le reste de la maisonnée. »

Intimidée, Bécassine va pour l'accompagner tout de suite, mais Hilarion, choqué, l'arrête.

« Enfin, mademoiselle ! Habillez-vous ! »

★

Bécassine a du mal à suivre Hilarion, qui traverse d'un bon pas les grandes pièces du château.

« Et voici la cuisine. »

Hilarion s'étonne de n'y trouver personne.

« Madeleine ! »

Des rires viennent du dehors. Madeleine entre précipitamment en réajustant son tablier.

« … Voici donc Madeleine notre cuisinière, reine des petites pommes sautées…

– Et du clafoutis ! Bonjour Bécassine, bienvenue dans ma cuisine. »

Bécassine lui fait une courte révérence.

« Bonjour, Madeleine. »

Hilarion reprend son air sévère.

« Si Madeleine vous embête, Bécassine, n'hésitez pas à lui dire, car notre cuisinière n'a qu'un défaut : elle n'aime pas être seule, et déserte souvent ses fourneaux ! »

Madeleine feint de rire et, discrètement, donne un vif coup de pied à Hilarion.

★

Bécassine et le maître d'hôtel longent l'interminable couloir du premier étage. On entend frapper des coups et une voix de femme en colère.

« Il n'en a jamais été question ! Avec tes airs supérieurs, là ! Tu n'es qu'un pauvre clown ! »

Elle frappe de nouveau un coup sec.

Hilarion et Bécassine sont entrés dans la pièce, sans que la femme de chambre s'en soit aperçue. Elle s'acharne sur un fauteuil avec un battoir en osier.

« Tu n'as rien voulu savoir ? Eh bien, prends ça ! On n'abandonne pas une femme ainsi ! Une femme fragile ! SENSIBLE ! »

Hilarion toussote pour signaler leur présence.

« Hum... je vous présente Mlle Châtaigne, notre femme de chambre. Voici Bécassine. »

Mlle Châtaigne s'approche de Bécassine avec un air suspicieux.

« "Bécassine" ?… Bonjour, Bécassine.

– Bonjour, mademoiselle Châtaigne !

– "Bécassine"… Ça vient d'où ce nom-là ?

– Mon oncle Corentin m'a dit qu'un vol de bécasses était passé le jour où je suis née…

– Un vol de bécasses ? Eh bien, nous, on a vu passer trois nourrices en un mois, et ça ne volait pas haut non plus, alors attention, mademoiselle Bécassine ! »

Bécassine la rattrape par la manche.

« Et vous, "mademoiselle Châtaigne", ça vient d'où ? »

Hilarion, amusé, précise que c'est le véritable nom de Mlle Châtaigne. La femme de chambre frappe un grand coup sur le lit.

« Vous comprendrez vite. Je vous laisse. Vous donnerez votre linge chaque jeudi. La salle d'eau est au fond du couloir. »

Avec son battoir, la femme de chambre écarte Bécassine pour quitter la chambre.

Hilarion, à son tour, se présente devant Bécassine.

« Hilarion, majordome. Grand croix de la confrérie des valets du mont d'Argent, Médaille d'honneur du travail en ma qualité de maître d'hôtel depuis vingt ans auprès de madame la Marquise… »

La tête hilare de Mlle Châtaigne resurgit dans l'embrasure de la porte.

« … Et ancien acteur de la troupe "Les Gugusses"… à Trébeurden ! »

Bécassine siffle d'admiration. Hilarion baisse les yeux en faux modeste.

« Oui, je fus acteur autrefois, et j'ai même joué des grands textes… »

Mlle Châtaigne se moque de lui, à l'autre bout du couloir.

« "Les Gugusses jouent à saute-mouton !" "Les Gugusses font des crêpes"… »

Le majordome, vexé et rouge de colère, se met à hurler :

« Et Racine ! Et Corneille ! Et Sophocle ! »

Devant l'air effrayé de Bécassine, Hilarion se ressaisit.

« Bon, mademoiselle, n'oubliez pas que vous êtes à l'essai… Le repas aux offices est servi à 19 heures. Madame fixera vos gages plus tard.

– Oui, parce que dès que je pourrai, je paierai mon billet de train pour Paris ! »

À ce dernier mot, le majordome laisse poindre un petit sourire songeur.

« Ah, Paris ! Bien sûr… Magnifique… Quelle vie là-bas ! »

Chapitre 6

LE BIBERON AU TOMATIC

Bécassine se promène dans le jardin pour calmer Loulotte, en pleurs dans ses bras.

« Ya une pie dans l'poirier… J'entends la pie qui chante… »

En passant près de la voiture que Cyprien astique, Loulotte s'arrête de pleurer. Le bébé tend la main vers la carrosserie jaune rutilante. Bécassine demande au chauffeur :

« Elle peut toucher ?

– Non. Je préfère pas.

– Pourquoi ?

– Il n'y a que moi qui touche à la Fringante.

– C'est son nom ?

– Oui.

– Elle doit aller vite, alors !

– Elle grimpe à 100 !

– Ouaaaaaaaah ! C'est haut ! »

La petite Loulotte laisse tomber son Séraphin sur l'aile de la voiture. Cyprien le prend machinalement et frotte énergiquement le capot avec. Bécassine s'en aperçoit.

« C'est Séraphin !

– Oh, pardon ! »

La jeune nourrice, le bébé dans les bras, sort du parc et retrouve la campagne verdoyante. Elle longe un champ et marque une pause sous un saule pleureur, dont les branches effilées se balancent au gré d'une légère brise.

Bécassine se penche sur Loulotte pour lui souffler doucement des mots tendres.

« … Et là, ce qui te touche, c'est le vent. »

★

Madeleine est penchée sur ses casseroles fumantes dans la grande cuisine. Elle tape fort avec sa cuillère sur le bord d'une poêle, comme si c'étaient les trois coups au théâtre. Bécassine entre précipitamment.

« Je viens pour cériliser le biberon !

– Hein ?... Du céleri ? De quoi ?

– Il faut rendre tout propre le biberon dans l'eau chaude ! Vite, Loulotte pleure !

– Ah ! »

On entend une petite clochette venant de la salle à manger. Madeleine s'empresse de verser une sauce.

« Madame est à table, je n'ai pas le temps là de... »

Hilarion surgit à son tour, un plateau à la main.

« Madeleine ! Le lapin, c'est maintenant ! Madame a trouvé que l'œuf à la coque était dur... »

Madeleine ne lui répond pas, soucieuse de son plat sur le feu.

« Oh là là ! Et les patates sont encore molles ! »

Hilarion attend et s'agace.

« Qu'est-ce que vous bavardiez encore tout à l'heure avec Cyprien, aussi !

– Je ne vais pas rester trois minutes devant l'œuf ! »

Hilarion file avec le lapin. Madeleine retourne vers les patates en maugréant. Elle découvre le biberon ouvert que Bécassine a plongé dans l'eau frémissante des pommes de terre.

« Ah, ma petite Bécassine, faut pas tout mélanger, là ! »

Bécassine a l'air catastrophé.

« Mais Loulotte a faim ! Elle a très très faim ! Elle a très très très FAIM ! »

Elle tente de ressortir le biberon de l'eau chaude et s'y prend mal. Madeleine lui enlève la cuillère des mains.

« Laissez-moi faire, Bécassine ! Oh, pis, il y a une patate qui est rentrée dedans et qui a gonflé, c'est malin ! »

Une grosse pomme de terre est restée coincée dans le biberon !

Bécassine court vers un tiroir.

« Faut la hacher avec une fourchette !

– Un biberon de purée ? Mettez plutôt le lait directement ! Tant pis, c'est bien, les mélanges ! »

On entend un nouveau son de clochette. Hilarion revient dans la cuisine et tape du pied.

« Les pommes de terre, Madeleine ! Madame trouve qu'une tétine, ce n'est pas une bonne idée avec le lapin. »

Furieux, il extrait de l'assiette de la marquise…

« Une tétine pleine de sauce ! »

Madeleine imite Hilarion en colère.

« “Une tétine pleine de sAAAAuceeeee” ! Ça va ! On va pas en faire un plat ! »

Avec sa fourchette, Bécassine essaye d'écraser la patate dans le biberon. Elle secoue fort, sans succès.

Bécassine donne le biberon à Loulotte. Une patate flotte dans le lait. Mlle Châtaigne, la femme de chambre, jette un coup d'œil dans la pièce pour vérifier que tout va bien. Elle va pour refermer la porte, mais s'arrête et fronce les sourcils.

« C'est quoi cette patate dans le biberon ? »

Bécassine ouvre grand les yeux et articule tout bas son explication.

« ON N'ARRIVE PAS À LA FAIRE SORTIR !

– Ah ben vous en faites une belle !

– De quoi ?

– De patate ! Patate ! Il est tard, Loulotte devrait déjà dormir. »

Elle tire fort sur la porte, mais finit par la fermer doucement. Bécassine se penche sur Loulotte, en train de téter bruyamment.

« Une patate qui t'aime… »

★

La nuit est encore agitée. Loulotte se réveille plusieurs fois pour réclamer le biberon. Bécassine épuisée finit par s'écrouler de sommeil dans le berceau. Ses jambes en dépassent largement, tandis que Loulotte dort paisiblement nichée sur son ventre.

★

Bécassine glane dans le garage de Cyprien différents accessoires : câbles, poulies, pièces de bois. Elle n'a pas vu que le chauffeur fait une sieste sur la banquette arrière de la Fringante. Bécassine bute dans un drôle d'objet métallique et réveille le gardien des lieux.

« On peut vous aider ? »

Bécassine lui tend un papier avec un grand sourire.

« Oui ! Regardez ! J'ai dessiné mon idée, je voudrais construire ça. »

Bécassine montre un plan maladroit à Cyprien, qui se gratte la tête en essayant de comprendre ce drôle de schéma.

« Je ne comprends rien à ce truc... Vous voulez faire quoi avec ça ?

– C'est pas pour moi, c'est pour Loulotte. Si vous m'aidez, je vous manivelerai la voiture ! »

Bécassine mime le geste de tourner la manivelle de démarrage. Cyprien, impressionné par l'assurance de la jeune femme, sans mot dire, enfourne le plan dans sa poche en signe d'accord.

★

Bécassine traverse un petit bourg avec Loulotte dans une poussette à laquelle elle a ajouté un volant bricolé pour la conduire comme une voiture. Avec sa bouche, elle imite le bruit rugissant du moteur et passe promptement les vitesses en actionnant son parapluie rouge glissé sur le côté.

Au coin d'une ruelle, elle croise Marie Quillouch qui, sous l'œil de son père, aiguise un large couteau au milieu d'une gerbe d'étincelles.

« Salut, la Marie !

– Salut, tocarde ! Tu ne perds rien pour attendre, toi ! »

Marie Quillouch appuie fort la lame sur la meule.

« Regarde, la bourrique, tu as fait un creux dans le couteau ! »

Son père, furieux, lui colle une rude taloche.

★

« Vroum ! Vroum ! »

Bécassine conduit sa voiture-poussette dans le petit bois. Soudain un buisson jaillit en travers du chemin. Bécassine sursaute. Au travers des branches du camouflage, elle reconnaît l'oncle Corentin en chasse.

« Ahaaaaa ! L'oncle ! Vous m'avez fait peur !

– C'est la petite Quillouch qui m'a dit que tu étais là. Elle raconte que tu lui aurais volé sa place !

– Ah non ! C'est la marquise qui l'a renvoyée sur-le-champ, enfin sur la route.

– En tout cas, méfie-toi d'elle. Et toi alors ? Toujours là !

– J'ai été embauchée par ce petit bout de chou ! »

L'oncle Corentin observe Loulotte, qui n'a pas peur de ce gros buisson penché sur elle.

« Elle a une petite tête de belette non ?

– L'oncle !

– Et tu ne vas pas voir tes parents ? Ils s'inquiètent un peu, tu sais.

– J'ai beaucoup de travail.

– Je vois… Tu ne veux pas qu'ils sachent que tu n'es pas à Paris ?

– … Et l'arbre bleu ?

– Il pousse, je l'arrose tous les jours. (Désignant Loulotte :) Elle a toujours cet air contrarié ? »

Loulotte commence à rouspéter.

« Je dois rentrer pour son biberon. Au revoir, l'oncle !

– Au revoir, Bécassine ! »

L'oncle recule et, quand il s'immobilise, on ne le distingue plus au milieu des fourrés.

★

Dans le salon du château, M. Proey-Minans montre à la marquise des vues de polyorama. C'est une sorte de grosse boîte en bois qui permet de voir par transparence des plaques peintes à la main.

« Vous allez voir, celle-ci est exquise… »

La marquise jette un coup d'œil dans l'appareil.

« Ooooh ! C'est ravissant… »

M. Proey-Minans referme les volets de l'appareil.

« Et maintenant, la même vue de nuit…

– Oooooh ! Quelle belle idée… »

Elle montre la vue à son petit chien Dick, tandis qu'elle observe Bécassine qui dessine un schéma complexe, en berçant le couffin de Loulotte avec son pied.

« Bécassine ! À Paris, vous y alliez pour chercher du travail ?

– Ah, oui oui.

– Bien… Venez voir les images, c'est très joli. »

M. Proey-Minans présente le polyorama à Bécassine. Bécassine découvre une vue de jour de l'immense verrière du Grand Palais à Paris.

« Oooooh ! La grande serre !

– Maintenant, la même scène… de nuit…

– Ouaaaaaaah ! Et on voit apparaître des gens ! »

M. Proey-Minans glisse une nouvelle plaque dans l'appareil.

« Et là, le théâtre de la Comédie-Française… Le jour… Et voici la nuit…

– Oh, L'ÉNORME LUSTRE ! »

L'émerveillement de la jeune nourrice attendrit la marquise.

« Vous savez Bécassine, je dois vous dire que vous avez maintenant assez de gages pour payer un billet de train pour Paris…

– Ah, c'est bien.

– Votre premier mois est accompli, et nous sommes contents de vous.

– Moi aussi, je suis contente de vous… et de Loulotte. »

La marquise acquiesce d'un sourire perplexe.

⋆

Bécassine, avant de s'endormir, joue encore à allumer et éteindre sa lampe de chevet. Mais, au bout d'une minute, le sommeil et les songes ont raison d'elle.

Dans son rêve, elle se retrouve sous le grand lustre de la Comédie-Française, qui illumine la salle rougeoyante d'ors et de velours. Bécassine se lève de son siège et, voulant quitter le rang, dérange chaque spectateur à son passage.

« Pardon… pardon… Excusez-moi… »

Elle entre maintenant dans le Grand Palais et fend la foule des convives qui se pressent sous l'immense verrière. Elle reconnaît soudain l'une d'entre eux, qui vient se planter devant elle : Mlle Châtaigne.

« Qu'est-ce que vous faites là ? » demande Bécassine.

Mlle Châtaigne se tient dans l'encadrement de la porte, le regard noir.

« Comment, qu'est-ce que je fais là ? »

Bécassine se réveille péniblement.

« C'est l'heure du biberon !

– Ah, mais c'est au tomatic.

– Comment ça, c'est "au tomatic" ?

– Elle a déjà eu son biberon. »

Mlle Châtaigne découvre que Loulotte tète à un biberon suspendu au-dessus de sa tête par un jeu de poulies reliées à une horloge murale. Elle remarque aussi, fixé au mur, le schéma naïf de Bécassine :

"Le biberon de nuit au tomatic."

La femme de chambre ne cache pas son admiration.

« Eh ben… Vous payez pas de mine, mais là, vous m'en bouchez un coin !

– C'est-à-dire ? »

Mlle Châtaigne, d'un air las, éteint la lumière.

« Rien, c'est une image, une métaphore… »

★

Chaque jour l'oncle Corentin arrose l'arbre bleu avec un vieil arrosoir, puis retourne au village de sa démarche tranquille.

Chapitre 7

RASTAQUOUÉROS ENTRE EN SCÈNE

Loulotte a maintenant six ans ! Six années durant lesquelles Bécassine n'a cessé de s'occuper d'elle. Au cours de leur promenade quotidienne, elles se sont arrêtées à l'endroit préféré de Bécassine, quand elle était petite. Là où il y a la borne jaune et l'arbre bleu que Loulotte observe longuement.

« Il est pas très grand pour son âge.

– Il prend son temps, il vivra longtemps.

– Oui, mais il est tout seul, il doit s'ennuyer…

– Je suis sûre qu'il discute avec tout le monde, même avec les champignons. »

Loulotte se retourne brusquement.

« Oh ! J'ai perdu Séraphin !

– Cherche bien ! »

Loulotte remonte la route en courant et retrouve un peu plus loin son Séraphin tout rafistolé de partout. Pour les yeux, il a maintenant un bouton plus petit que l'autre, ce qui lui donne un air un peu roublard.

Loulotte se jette dans les bras de sa nourrice.

« Dis, Bécassine, nous, on ne se perdra jamais ? »

La jeune femme se baisse à hauteur de Loulotte, très solennelle.

« Je jure sur la tête de cet arbre qu'on ne se perdra jamais !

– Moi aussi, je le jure… sur ta tête ! »

Au bout de la route apparaît une carriole haute en couleur. Il s'agit d'un guignol ambulant tiré par un homme aux cheveux et à la barbe très noirs. Il est habillé d'une large chemise blanche, comme dans les films de cape et d'épée. Quand il aperçoit Bécassine et Loulotte, il lève son porte-voix :

« CE SOIR, GRAND SPECTACLE DE MARIONNETTES INTERNATIONAL ! GUIGNOL ET SES AMIS ARRIVENT POUR VOTRE GRAND PLAISIR ! DU RIRE, DE L'ÉMOTION, DE L'AVENTURE, POUR VOUS CE SOIR, *TONIGHT* ! »

L'homme raccroche son grand cornet et poursuit sa route. Bécassine et Loulotte lui emboîtent le pas.

« Ça sera où le spectacle ?

– … Je ne sais pas encore ! Je cherche ! Pas loin, en tout cas !

– Venez au château ! Au bout à droite en remontant !

– Et vous êtes combien dans cette taule ? »

Loulotte lui répond joyeusement.

« On est plein ! »

L'homme, heureux de cette bonne nouvelle, transforme alors sa voix et fait surgir une marionnette de l'intérieur de sa veste. Ce personnage lui ressemble beaucoup !

« Merci, mesdemoiselles ! Vous êtes bien mignonnes ! À tout à l'heure, alors ! Ce soir, *tonight* ! »

★

Tout excitée, Loulotte traverse le parc du château en courant et rejoint l'ancienne serre où dînent la marquise et M. Proey-Minans. Dick, le petit chien, une serviette au cou, se tient à table lui aussi, devant un œuf à la coque.

Loulotte saute sur place d'impatience.

« Allez, marquise, dites oui ! »

M. Proey-Minans tente de retenir la marquise.

« Ce sont toujours des charlatans, croyez-moi ! Vous leur donnez ça, ils vous prennent ça ! »

Il montre d'abord sa main, puis tout son bras et au-delà, en exagérant.

« Il va nous passer le chapeau trois fois, vous allez voir !

– Maintenant qu'il est dans la place… et puis il n'a pas l'air bien méchant… C'est oui, ma petite Loulotte ! »

Elle secoue énergiquement la petite cloche de table. Hilarion arrive promptement.

« Madame ?

– Vous direz à Madeleine que son œuf à la coque est encore dur ! C'est pénible ! »

M. Proey-Minans lève le bout d'asperge qu'il a à la main.

« Regardez ! Je me faisais une fête de tremper mon asperge dans l'œuf ! »

Impassible, Hilarion, la main gantée, appuie alors son index sur le blanc dur de l'œuf, ce qui choque la marquise et son invité.

« Dites donc, Hilarion, vous vous sentez bien ? »

*

Madeleine, loin de ses fourneaux, observe avec Cyprien et Bécassine l'installation du petit théâtre de Rastaquouéros au milieu de la cour du château. Celui-ci sifflote en déployant ses planches et accessoires. Loulotte, revenue près de lui, très curieuse, lui pose mille questions.

« Et ça, c'est quoi ?

– Une cage à marionnettes, tu verras dans le spectacle ! »

Hilarion rejoint la cuisinière, furieux.

« Madeleine, l'œuf de Madame était encore dur !

– C'est Madame qui est dure... Moi, je ne peux pas à trois minutes pile sortir l'œuf !

– Surtout si vous n'êtes pas devant ! »

Hilarion tourne les talons.

Bécassine, soudain très concentrée, s'assoit sur un banc et se met à dessiner frénétiquement un schéma. Intrigué, Cyprien s'assoit à côté d'elle, bientôt rejoint par Madeleine.

« C'est quoi ce dessin, Bécassine ?

– Une idée…

– Une idée de quoi ?

– Un éjecteur d'œuf !

– Faites voir… »

Le chauffeur étudie le plan de Bécassine.

« C'est basique… très basique… Mais jouable ! »

Madeleine lui lance un beau sourire.

« Tu pourrais me le construire ?

– En échange de quoi ?

– Je ne sais pas, moi… D'un clafoutis ? »

Cyprien range le papier dans sa poche, heureux de cet accord.

★

M. Rastaquouéros sort de sa carriole un petit piano mécanique qu'il pose devant Loulotte. On dirait un jouet.

« Avant, j'avais un petit singe qui l'actionnait… Bubu… Mais il était trop nerveux… et un jour il a craqué. Ce soir, tu vas le remplacer. Tu t'appelles comment ?

– Loulotte !

– Alors, Loulotte quand je te ferai signe, tu tourneras cette manivelle pour lancer la musique ! »

★

Le soir, tous les occupants du château sont assis devant le petit théâtre et attendent bien sagement. Loulotte tourne en boucle la musique mécanique du piano. La marquise toussote un peu d'impatience. M. Proey-Minans regarde sa montre. On entend des bruits bizarres derrière le petit rideau de scène. Ça bricole encore. Dick furète sous la carriole.

« Ça va, monsieur le marionnettiste ?

– Oui, oui... J'ai du mal à enfiler une marionnette... »

Loulotte fait un porte-voix avec ses mains :

« Le plestacle ! Le plestacle ! »

Tout le monde reprend en chœur : « Le plestacle ! »

Mais le rideau éclairé à la bougie reste baissé. M. Proey-Minans, impatient, se lève.

« Bon, eh bien moi, je m'en vais regagner mes pénates ! »

Les trois coups résonnent enfin. M. Proey-Minans se rassoit vite. Le rideau se lève. Loulotte et Bécassine sont fascinées par l'apparition de la première marionnette.

« Bonjour, les petits amis ! Moi, je suis le gendarme et je cherche un brigand ! Est-ce que vous l'avez vu ? »

Tout le monde répond non, mais une marionnette qui ressemble à Rastaquouéros surgit derrière le rideau. Le gendarme, qui ne l'a pas vue, demande à l'assistance :

« Et qui sait compter jusqu'à 3 ? »

M. Proey-Minans lève vite son doigt.

« Moi ! »

Il baisse sa main, gêné de sa promptitude. Le gendarme explique :

« À 3, vous me dites qui est le brigand ! 1... »

Tout le monde compte haut et fort.

« Alors, c'est qui ? »

M. Proey-Minans montre du doigt le marionnettiste.

« Vous ! Ha ha ! »

La tête de Rastaquouéros émerge un court instant du décor pour voir qui se moque ainsi. Madeleine enthousiaste, désigne une marionnette :

« C'est lui, le brigand ! »

Le brigand court, poursuivi par le gendarme qui le tape sans arrêt avec des bruits de *pouët*, de *prout* et de *bong* !

L'assemblée rigole joyeusement. Le petit rideau se ferme. M. Proey-Minans se penche vers la marquise.

« L'argument était un peu faible, quand même...

– Je vous ai vu, vous avez ri !

– J'ai ri… Parce que c'est stupide ! »

Rastaquouéros surgit de derrière la scène, un chapeau à la main, qu'il s'empresse de tendre à l'assistance.

« Pour les artistes, mesdames et messieurs ! »

Tout le monde y va de sa petite pièce. Rastaquouéros annonce à chaque fois exactement la somme donnée. Madeleine est généreuse et donne dix francs. Mlle Châtaigne donne un sou et M. Proey-Minans, à contrecœur, dépose deux centimes.

« Deux centimes pour le monsieur bien mis, eh ben c'est pas bézef ! »

La marquise, charmée, lui tend un billet. Ce qui choque M. Proey-Minans.

« Enfin, Madame, vous n'y pensez pas ! »

La marquise suit du regard M. Rastaquouéros.

« Mais si, j'y pense… »

Bécassine donne une pièce à Loulotte pour qu'elle puisse participer à la quête. Le marionnettiste lui tend son chapeau.

« Merci, Loulotte. Ça t'a plu le spectacle ?

– Oui, beaucoup !

– Allez, remets-nous un peu de musique. »

Loulotte tourne la manivelle du piano, et un joli petit air de Liszt conclut la soirée au château.

★

Au petit matin, la carriole de Guignol est toujours au milieu de la cour.

Bécassine donne le petit déjeuner à Loulotte et observe, fascinée, les gesticulations de Rastaquouéros déjeunant avec la marquise charmée. La jeune nourrice beurre et rebeurre la même tartine sous le nez de Loulotte, qui s'impatiente.

Rastaquouéros taquine la marquise avec son double en marionnette, qui se montre entreprenant en multipliant les baisemains.

Madeleine, toasts à la main, reste plantée devant eux, l'air songeur. La marquise soudain s'en rend compte.

« Eh bien, alors, Madeleine ?

– Pardon, madame la Marquise…

– Dites à Hilarion de faire la chambre de M. Rastaquouéros… qui va séjourner un moment ici… (Regard souriant vers lui.)… avant de repartir à Paris… où il a fort à faire… »

M. Rastaquouéros reprend son sérieux :

« Ah si ! Une chose importante pour qu'on se *keep in touch*, chère Marquise, *please* installez le téléphone !

– Oh là ! Comme vous y allez ! C'est cher !

– Vous savez, avec les affaires que je vous propose, il faut être réactif ! Vous prenez position par téléphone, et moi, immédiatement à Paris : je place ! Vous comprenez ? *Ze* vitesse ! Surtout, *surtout*, si on s'étend au marché américain !

– Évitez de parler de nos investissements à M. Proey-Minans dans un premier temps…

– Il sera surpris ! Dans un mois, vous refaites toute votre toiture, vous changez de lustre et vous embauchez trois jardiniers ! »

★

Bécassine et Loulotte profitent de l'absence de Cyprien pour s'amuser avec la Fringante dans le garage. Loulotte fait mine de conduire et appuie sur tous les boutons du tableau de bord.

Mais des rires fusent d'une allée. Cyprien imite le cheval en portant Madeleine sur son dos.

« Tagadac ! Tagadac ! Tagadac !

– Ha ha ha ! Plus vite, cocher ! »

Cyprien repose vite Madeleine au sol quand il aperçoit du monde dans son atelier.

« Ah, bonjour, Bécassine ! Ne touchez pas à la voiture, je vous l'ai déjà dit !

– Pardon, on faisait juste semblant de conduire.

– Bon, puisque vous êtes là, je vais vous montrer quelque chose, venez voir ! Toi aussi, Madeleine, approche. »

Cyprien entraîne le petit groupe vers son établi, où règne un fouillis indescriptible.

« Tenez, Bécassine, je vous rends votre plan. Je l'ai suivi scrupuleusement : j'ai terminé votre éjecteur d'œuf ! Regardez ! »

Cyprien lance la démonstration : de l'eau bout dans une casserole qui contient un œuf, et un petit réveil soudain se met à sonner. L'œuf est alors éjecté très haut hors de la casserole, passe au-dessus de tous et s'écrase sur une aile de la Fringante. Loulotte conclut de sa petite voix :

« C'est raté. »

Cyprien ramasse l'œuf, dépité.

« C'est sûr, ça demande encore une petite mise au point… »

Madeleine reste optimiste.

« C'est sûr, bientôt ça va marcher ! Comment vous remercier, Bécassine ? »

Bécassine rougit et se tourne alors vers la Fringante.

« Je voudrais… J'aimerais… Enfin, ce serait bien si… vous pouviez… »

★

La Fringante roule à vive allure dans la campagne.

Cyprien apprend à conduire à Bécassine, mais il se retourne fréquemment pour faire des baise-mains à Madeleine, assise derrière avec Loulotte. Bécassine se penche en avant et accélère encore, grisée par la vitesse. Cyprien s'en inquiète.

« Même si la vitesse n'est aucunement limitée, ralentissez un peu…

– C'est pas moi, c'est la voiture ! »

Soudain, Bécassine plonge sous le volant. Cyprien, catastrophé, s'en empare.

« Mais Bécassine, que faites-vous ? »

Bécassine, tête baissée, scrute les pédales au plancher.

« Je cherche le frein !

– Il est là, le frein, on l'actionne avec le pied droit ! »

La voiture s'engage à vive allure dans la rue principale du village. Elle frôle Marie Quillouch, en train de rétamer rageusement des casseroles, cognant dessus de toutes ses forces.

★

Pendant ce temps, Rastaquouéros surveille la galerie du château pour s'assurer que personne ne vient. Puis, tout en sifflotant, l'air de rien, il entre dans le salon, une marionnette à chaque main faisant office de gants de cambrioleur. Il furète et soupèse différents bibelots et œuvres d'art.

Soupçonneux, il examine de près un trophée de sanglier accroché au-dessus de la cheminée. Il tâtonne autour de la tête de l'animal et finit par déceler un petit bouton, qu'il s'empresse d'actionner. Un bruit d'engrenage se fait entendre. La tête du sanglier pivote, dévoilant à l'intérieur un petit coffre-fort dont Rastaquouéros reconnaît la marque.

« Ha ha ! Un petit Fichet 1905 ! Du velours ! »

L'homme cherche patiemment la combinaison secrète avec ses petites mains de marionnette.

Chapitre 8

LE VŒU DANS LE BALLON

Marie Quillouch grimpe prestement à un arbre en bordure du parc. Telle une panthère noire, elle saute sur une branche au-dessus du mur d'enceinte et s'y allonge pour observer la cour du château où il se passe quelque chose.

Rastaquouéros a de nouveau réuni tout le monde dehors après le dîner.

« Alors, messieurs-dames, un petit jeu pour ce soir ! Je vous propose une loterie un peu spéciale : vous m'achetez un ballon en papier, comme une montgolfière, et vous allez pouvoir alors faire un vœu… en y glissant une petite pièce ! »

M. Proey-Minans s'étouffe :

« Encore !

– Ou même un petit talbin ! Et *hop* ! Plus votre ballon longtemps volera, plus votre vœu a des chances de se réaliser ! »

Sur ce, Rastaquouéros allume un ballon lumineux.

« Allez, messieurs-dames, décidez-vous : un franc le ballon, vous y ajoutez la somme que vous voulez pour votre vœu. »

L'opération a du succès, chacun dépose dans son ballon quelques pièces avec un vœu manuscrit. Chaque fois, Rastaquouéros subtilise discrètement la petite enveloppe par une identique, vide d'argent. On y lit son tampon : « Rasta, 3 rue Paillon, Paris ».

Mlle Châtaigne inscrit consciencieusement son vœu : « Voir la mer ».

Loulotte s'exclame :

« Moi aussi, je veux le vœu ! »

M. Proey-Minans hausse les épaules.

« Mais tu n'as pas de sou ! »

La marquise se tourne vers Rastaquouéros avec un grand sourire.

« À la place, elle va faire un petit dessin, n'est-ce pas, c'est possible ?

– Oui, oui, pour toi, petite, ça fera l'affaire. »

Loulotte montre ses mains vides.

« J'ai pas de papier… »

Bécassine lui tend le plan d'éjecteur d'œuf qu'elle a esquissé la veille. Loulotte y dessine au dos une roue, puis une deuxième…

« Tu voudrais une voiture ?

– Oui ! Une comme la Fringante ! »

Rastaquouéros ne subtilise pas l'enveloppe de Loulotte et l'accroche telle quelle au ballon qu'il allume et tend à Bécassine. Émue, elle attend que ça chauffe encore. Loulotte s'impatiente.

« Lâche, Bécassine ! »

Bécassine écarte ses bras et, en les gardant longtemps ouverts, elle suit le frêle ballon de papier qui s'élève dans les airs. Loulotte saute de joie.

« Il va aller jusqu'en Amérique ?

– Oh oui… ou peut-être à Paris ! »

Chacun lâche son ballon et contemple toutes ces petites lumières rougeoyantes qui gagnent le ciel jusqu'à disparaître au-dessus de la forêt.

Marie Quillouch essaye d'attraper un ballon au passage. Comme elle louche, sa main se referme dans le vide.

★

Le lendemain, à midi, Madeleine et Cyprien dégustent une bonne omelette dans la grande cuisine du château. Soudain un vrombissement de moteur fait trembler leurs verres. Cyprien sort dans la cour et voit jaillir en trombe Rastaquouéros au volant de la Fringante. Madeleine retient Cyprien, furieux.

« Hilarion m'a dit que Madame lui prête la voiture pour aller placer son argent à Paris ! Au marionnettiste ! Nous voilà bien !

– Il est marionnettiste comme moi je suis batteur de jazz ! »

Sur un banc, Bécassine observe, songeuse, la voiture quitter le parc.

« En tout cas, il a fière allure ! »

★

Rastaquouéros, au carrefour indiquant à gauche Guingois, à droite Paris… Il prend la direction de Guingois et accélère, manquant de renverser Marie Quillouch qui tire son chariot de rémouleur.

★

Dans les pièces du château disparaissent au fil des jours des tableaux anciens, de l'argenterie, des bibelots et même des meubles. La marquise doit vendre ses biens pour payer l'argent que dépense sans compter Rastaquouéros.

Bécassine a toujours en tête son idée d'éjecteur d'œuf. Avec ses mains, elle essaye de mesurer la bonne distance entre la casserole et le coquetier. Elle garde ses bras ouverts à la bonne largeur et quitte ainsi la cuisine.

« Je vais donner la mesure à Cyprien. »

Bécassine traverse les pièces en gardant les bras bien écartés à la même distance. Soudain le téléphone sonne. Elle sursaute et file vers l'entrée où résonne l'appareil. Elle hésite, mais finit par baisser les bras.

« Zut, je perds ma mesure. »

Elle décroche et regarde le combiné d'où jaillit une voix nasillarde.

« Madame la Marquise ? »

Bécassine se recule, un peu effrayée par cette voix venue de nulle part.

« Il y a quelqu'un ? »

Bécassine fait une courte révérence en guise de salut.

« Oui, c'est Bécassine qui est là… Vous êtes où ?

– À Guingoi… à Paris ! C'est M. Rastaquouéros à l'appareil ! Vous pouvez me passer madame la Marquise ? C'est urgent !

– Comment je vous "passe" madame la Marquise ?

– Allez la chercher ! J'ai une nouvelle affaire à lui proposer, mirobolante !

– Je reviens, monsieur Rastaquéros ! »

Pour poser le combiné, Bécassine le raccroche. Elle s'en va en hurlant dans les couloirs.

« Madame la Marquise ! Rastacoulos à l'appareil ! C'est mirobolant ! »

★

Dans la chambre de la marquise, Mlle Châtaigne tape sur les fauteuils avec force. Entre deux coups, Madeleine lui fait la causette.

« Cyprien peaufine tout le temps… C'est quand même un gros défaut chez lui. Moi, je veux pas d'un homme qui peaufine !

– Je te comprends. S'il peaufine, c'est qu'il chipote et s'il chipote, il chipotera ! Crois-moi !

– Je comprends pas…

– Dis-lui qu'en amour, on s'en fiche que ce ne soit pas parfait, du moment que c'est intense ! »

Elle redonne une série de coups au fauteuil et change de pièce. Bécassine, qui attendait, cogne à la porte.

« Elle est où, madame la Marquise ? C'est urgent !

– Hein ? Elle est sortie avec Hilarion, pourquoi ? »

Mlle Châtaigne revient dans la chambre, inquiète.

« Qui est sortie avec Hilarion ?

– Madame la Marquise ! Andouille ! »

Bécassine élève la voix.

« Rasta... éros veut qu'on la passe ! Il est à Paris : une affaire mirolobante ! »

Mlle Châtaigne redonne un coup sur un coussin.

« Oh, ben, tu parles ! Le marionnettiste ! On les connaît ses affaires, à celui-là ! Il est marionnettiste comme moi je suis danseuse étoile !

– Ah bon ? Vous êtes danseuse étoile ?

– NON. À prendre de l'argent comme ça, il va finir par ruiner la maison ! Il dilapide !

– Il dit quoi ? »

Madeleine tente d'expliquer la situation à Bécassine en lui parlant fort, comme si elle entendait mal.

« Madame est déjà très endettée. M. Rastaquouéros revient toujours demander beaucoup de sous... »

Mlle Châtaigne enchaîne, en colère.

« … Pour des affaires qui séduisent Madame, mais qui sont des escroqueries ! Dites qu'elle n'est pas là ! »

En sortant, elle administre un bon coup à un coussin brodé qui émet un geyser de plumes.

Bécassine est revenue dans l'entrée et décroche le combiné, silencieux, forcément.

« Monsieur Rastapopoulos ? »

Silence.

« Vous faites la tête ? »

Silence.

« Madame la Marquise est sortie, mais elle va revenir, alors restez peut-être à l'autre bout du fil… »

Bécassine repose le combiné et s'en va. Une larme du lustre tombe.

★

À l'entrée d'une allée, M. Proey-Minans indique à Cyprien comment bien tailler un bosquet en buis.

« Sphérique, s'il vous plaît, la coupe, comme à Versailles.

– Versailles ? Mais je ne suis pas jardinier, moi, monsieur, je suis chauffeur mécanicien. »

Rastaquouéros franchit la grille du parc, pédalant seul sur un vélo-tandem. M. Proey-Minans se retourne vers Cyprien, consterné.

« Aïe, voilà l'apôtre ! À tous les coups, il a hypothéqué aussi la Fringante... »

Rastaquouéros zigzague en sifflotant. Il est très fier de lui.

« Je l'ai eu à 100 francs, le tandem ! Soit 50 par passager, une affaire ! En plus, on m'a donné les quatre pinces à vélo gratos ! »

M. Proey-Minans et Cyprien le regardent sévèrement.

« Hum. Bon, je vais aller me garer un peu plus loin... »

*

Bécassine s'approche de la porte du salon et y entend une discussion animée. Elle colle son oreille à la porte, qui s'ouvre brusquement sur Hilarion, sortant la mine grave, en hochant la tête de dépit, sans prendre garde à Bécassine. Madeleine la cuisinière arrive en portant un plateau de tasses à thé qui tremble et tinte de son émotion. Elle chuchote fort à Bécassine son inquiétude.

« Il paraît que Madame a perdu beaucoup d'argent aux affaires et qu'on risque tous d'être renvoyés ! Loulotte ira en pension…

– Ah, ça, non ! »

Madeleine se met à pleurnicher.

« Je ne peux pas servir, je tremble trop. »

Elle tend son plateau à Bécassine.

« Vas-y, toi, s'il te plaît ! »

Elle ouvre la porte à Bécassine qui, timidement, pénètre dans le salon.

Madame la Marquise, M. Proey-Minans et Rastaquouéros sont dans une grave discussion à laquelle Bécassine, inquiète, ne comprend pas grand-chose. M. Proey-Minans, les mains derrière le dos, fait les cent pas dans la pièce.

« Si l'on apprend que vos comptes sont vides, tous vos créanciers vont venir sonner à votre porte ! »

La marquise caresse son Dick, ventre en l'air sur ses genoux.

« Je peux faire un nouvel emprunt…

– Mais non ! La banque ne nous accorde plus aucun crédit, au sens propre et figuré ! »

Rastaquouéros, vautré sur la banquette à côté de la marquise, se redresse un peu.

« Il vous faut tenir deux petits mois, le temps que j'aille régler tout ça à Paris… »

M. Proey-Minans le toise.

« Paris, Paris ! Vous voulez dire le casino de Guingois, oui ! (À la marquise :) En attendant, il vous faut rétablir la confiance !

– De qui ?

– De vos voisins, des commerçants, de vos prestataires, des loueurs, etc., etc. !

– Comment ? Je peux encore vendre un tableau, mais ça ne suffira pas ! »

Elle se rend compte de la présence de Bécassine, debout au milieu du salon.

« Posez le plateau là, Bécassine. Que fait Madeleine ?

– Elle pleurniche, Madame…

– Pfff, ce n'est pas le moment… »

M. Rastaquouéros se lève pour attraper un biscuit. M. Proey-Minans, agacé, le remplace sur le canapé auprès de la marquise.

« Bref. Je repose la question, car l'heure est grave : comment rétablir la confiance ? »

Rastaquouéros regarde machinalement dans le polyorama. La vue de nuit révèle un feu d'artifice au-dessus de Paris. Le marionnettiste se tourne vers la marquise avec un air illuminé.

« Je sais ! Avec un feu d'artifice !

– C’est-à-dire ?

– Comme disait Zambo : “La seule façon d’attirer l’argent, c’est de le montrer !” »

M. Proey-Minans ajuste son monocle pour mieux considérer le marionnettiste. Il soupire.

« Grotesque ! »

La marquise, au contraire, semble réjouie par cette proposition.

« Ah, monsieur Rastaquouéros, quelle riche idée ! »

★

Bécassine ressort et tombe sur Madeleine, Mlle Châtaigne, Cyprien et Hilarion, qui scrutent son regard pour deviner quelles sont les nouvelles.

« ALORS ? »

Bécassine, rouge de confusion, articule lentement.

« Ils veulent faire une grosse fête…

– Hein ? Quoi ? Comment ? Une fête ? »

Hilarion tourne les talons, furieux.

« Grotesque ! C'est bien le moment ! Comme si on avait les moyens ! »

Chapitre 9

LA FAUSSE FÊTE

Bécassine, comme chaque soir, lit une histoire à Loulotte avant son sommeil.

« “La prudence la plus élémentaire exige que l’automobiliste, avant de changer de direction, fasse un signe du bras pour indiquer à la voiture qui le suit la manœuvre qu’il va effectuer.

– Je comprends rien. C’est quoi, cette histoire ?

– C’est le code de la route ! Si un jour on a une voiture avec ton vœu dans le ballon, il faut être prêts ! »

Bécassine se rend compte que Loulotte est soucieuse.

« Qu’est-ce qu’il y a, mon poussin ? »

Loulotte fixe du regard Bécassine et, de sa petite voix, pose la question qui la tourmente :

« Tu vas partir ? Je vais aller en pension ?

– Mais non, mon trésor ! Je t'aime très fort, je ne te laisserai jamais ! Et puis, M. Rastaquouéros dit qu'il a trouvé une bonne idée pour nous redorer le blason !

– Ce sera bien si on a le blason redoré ?

– Oui ! »

Elles se serrent fort dans les bras toutes les deux.

★

M. Proey-Minans dirige tel un chef d'orchestre tout le personnel du château réuni dans le salon. Il les a alignés devant un dictaphone à rouleau pour les enregistrer en train d'applaudir, de discuter, de rire aux éclats. Les employés ne comprennent pas très bien ce qu'on leur demande *via* divers panneaux où est écrit :

RIEZ ! NE RIEZ PLUS ! BAVARDEZ !

APPLAUDISSEZ ! PLUS FORT !

Loulotte donne de la voix elle aussi et s'amuse beaucoup de cet exercice un peu étrange !

★

Le téléphone dans une main et un gros pinceau dans l'autre, Rastaquouéros colorie mystérieusement des silhouettes en bois découpé montées sur des roulettes. Au téléphone, il change sa voix pour se donner plus d'importance.

« Je ne devrais pas vous le dire, mais il y aura du beau monde !... Madame la Marquise recevra le Prince de Debeul-Donf et la Duchesse de Brichambart. »

La marquise jaillit entre deux silhouettes pour s'adresser tout sourire à Rastaquouéros.

« ... Et la promenade en tandem ? »

Rastaquouéros pose la main sur le combiné et reprend sa voix normale.

« On n'est pas du tout prêts pour ce soir !

– Bon, bon… En tout cas, tous ces personnages, c'est très joli… »

Rastaquouéros lui lance un clin d'œil. La marquise essaye d'en faire un aussi, mais n'y arrive pas. Elle se ressaisit et sort.

« Qu'est-ce que je fais, moi… »

Rastaquouéros reprend le téléphone.

« Oui, faites-nous un bel article ! Hein ? Quoi ma nouvelle voix ? (Il rechange sa voix.)… Votre journaliste restera à l'entrée du château, vous comprenez ? On ne peut pas inviter tout le monde ! »

Rastaquouéros raccroche et tire à lui une nouvelle silhouette.

« Viens par là, petite… »

Il lui dessine un visage sommaire quand il se rend compte qu'Hilarion est toujours en train de peindre la même tête depuis tout à l'heure.

« Hilarion ! Nous avons vingt silhouettes à terminer ! Vous peaufinez, là !

– Non, monsieur, je ne peaufine pas, je cherche… et je trouve. »

Hilarion, méticuleusement, dresse le portrait du marionnettiste.

★

Le soir venu, un petit attroupement de curieux tente d'apercevoir les festivités au travers des grilles du château. Quelques journalistes et photographes se mêlent aux villageois, paysans et notables. Marie Quillouch et son père se pressent aussi à la grille, le visage noirci, en tenue de ramoneurs, goupillon à la main. Marie s'agace de l'enthousiasme de son père criant à la cantonade :

« Ça va être une grosse fête, une énorme fête ! On va voir du beau monde, c'est sûr ! »

★

Cyprien et Madeleine évoluent dans la cour en poussant chacun deux lanternes électriques fixées sur une brouette, ce qui crée des lumières mobiles sur la façade du château, laissant croire au ballet des phares de voitures arrivant. Loulotte rit de ce joyeux manège et actionne sans cesse une poire faisant klaxon.

Bécassine est tout émue de se retrouver sur le tandem derrière Rastaquouéros. En pédalant, ils font claquer deux cartes à jouer prises dans les rayons de la roue, ce qui imite assez bien le bruit de moteurs de voitures.

À l'entrée, Hilarion en livrée annonce dans le porte-voix les plus illustres et fictifs invités.

« M. le Prince de Debeul-Donf ! M. et Mme Louis Blériot ! M. et Mme Marta de la Cassoline ! M. et Mme Mauduit de la Bringue ! M. le Superintendant Sorlat de la Flambe ! M. le Baron de la Cauche-Battue ! Mme la Comtesse de Labadidonque ! »

On reconnaît, venant du dictaphone à cylindre, les éclats de voix et les rires d'une assemblée joyeuse.

Mme la Marquise simule de sa voix forte un accueil chaleureux pour les nouveaux invités.

« Chère Odile de la Touze ! Quel bonheur ! Vous connaissez la Baronne de la Duve qui arrive de Versailles comme vous ? »

Hilarion annonce d'une voix forte.

« Madame est servie ! »

Bécassine est contrariée et perdue.

« Ah oui ? Madame est servie… Et les autres, alors, on mange comment ?

– Chut ! »

M. Proey-Minans fait tinter deux verres entre ses mains.

« À vos succès en affaires, madame la Marquise ! Encore bravo ! Je vous présente M. Touvagoud, directeur de la Banque Noprob, et Madame. »

Loulotte, très amusée, tire en l'air avec des pistolets à bouchon, imitant ceux de champagne. Mlle Châtaigne, euphorique, lève ses deux coupes.

« CHAMPAGNE POUR TOUT LE MONDE ! Allez, il y en aura pour tout le monde ! (Très fort :) ON VA SE RINCER LA DALLE ! »

M. Proey-Minans s'approche d'elle, choqué par cette familiarité.

« N'en faites pas trop, mademoiselle...

– À la vôtre, votre éminence !

– À la vôtre, madame la Colonel ! »

Ils trinquent bruyamment. Hilarion s'interpose et attrape Mlle Châtaigne par la manche .

« S'il vous plaît, tenons-nous !

– Qu'est-ce qu'il a, mon gugusse ? »

Dehors, caché par des bosquets, M. Rastaquouéros allume des feux d'artifice avec son cigare. Le premier fume longtemps, puis monte et descend sur sa rampe de lancement sans jamais décoller. Le deuxième tombe à terre et semble poursuivre personnellement le marionnettiste.

Un phonographe diffuse à plein volume une musique d'orchestre. Sous une fenêtre, Madeleine, Cyprien, Bécassine et Loulotte agitent les silhouettes découpées simulant des invités en train de danser. Dick tire lui aussi une silhouette sur roulettes. Aux fenêtres, on aperçoit les nombreuses ombres dansantes des faux convives.

Le père Quillouch, le nez au travers de la grille, s'extasie de plus belle.

« Quel bal ! Quelle joie ! »

Un journaliste admiratif confie à son photographe :

« Madame la Marquise doit connaître des affaires florissantes !… »

Marie Quillouch a une moue dubitative.

« Ce n'est pas ce qu'on raconte ! Tout ça, c'est louche ! Non, vous ne trouvez pas ? »

Elle fixe son voisin qui, évidemment, est plutôt gêné, vu le strabisme de la jeune femme.

« Je vais tirer ça au clair… »

Marie Quillouch s'éloigne comme une sorcière inquiétante.

Elle réapparaît sur le toit du château. En bonne ramoneuse, d'un pas svelte, elle longe la cime jusqu'à une cheminée où elle se glisse, la tête la première.

★

Loulotte fait une jolie révérence à une femme peinte et lui tend sa main.

« Vous dansez, madame Touvagoud ? »

Et Loulotte part dans une valse avec la fine silhouette. Bécassine, amusée, s'empare aussi de la figure de Rastaquouéros pour tourbillonner avec lui. Elle valse et embrasse le visage du marionnettiste peint délicatement par Hilarion. Elle en rougirait presque.

Puis elle se tourne vers sa petite protégée qui tourbillonne.

« Je t'aime, ma Loulotte !

– Moi aussi, Bécassine ! »

Elles titubent et se cognent toutes les deux en riant.

Marie Quillouch, tête en bas, apparaît dans la cheminée. Elle sourit triomphalement en découvrant toute cette mise en scène. Il n'y a que Bécassine et Loulotte au milieu de danseurs en bois. Elle remonte vite dans le conduit.

★

Vexé de ses échecs, Rastaquouéros attache plusieurs feux d'artifice ensemble pour un effet maximal. Il allume la courte mèche et, instantanément, son assemblage décolle dans un énorme fracas, le précipitant à terre. À la grille, les curieux sont eux aussi soufflés par l'explosion. Une rosace de soufre illumine le ciel et teinte tout le parc d'une lueur verdâtre.

Un coup de flash éblouit le salon. Deux journalistes et un photographe constatent la supercherie.

Tout était faux : pas d'orchestre, pas d'invités, pas de champagne. Marie Quillouch la rapporteuse ricane de plaisir. D'une pichenette, elle pousse une silhouette qui, par effet domino, fait tomber les autres une par une. Patatras.

*

Au lever du jour, Rastaquouéros, la tête basse, sort sur la pointe des pieds, en tirant sa carriole, où on devine à l'arrière un grand tableau représentant la marquise, le polyorama, le trophée de sanglier-coffre, de l'argenterie, et la pendule de l'entrée qui sonne encore. Il passe devant Bécassine et lui lance un gros clin d'œil.

« Je sauve l'essentiel !

– Vous allez où comme ça ?

– Je mets tout ça en lieu sûr ! (Bas, sur un ton de confidence :) Je file aux States et je reviens.

– Où ça ?

– Aux States, à New York, *because bizness.* Je reviendrai ! Je te le promets !

– D'accord ! Quand ? »

Rastaquouéros tousse et s'éloigne vers la sortie du château.

Chapitre 10
UN GRAND PATAQUÈS

Dans une clairière, Bécassine, éplorée, raconte à son oncle Corentin la suite des événements.

« Ma Doué, un grand pataquès est arrivé, c'est la ruine ! La fausse fête finalement a été une honte. Tous les gens à qui Madame devait de l'argent ont sonné à notre porte. M. Proey-Minans n'a rien pu faire malgré ses relations. On a reçu une note de téléphone énooooorme ! On nous a enlevé la lumière éclectique ! Madame la Marquise a été obligée de licencier tout le personnel pour payer une partie des dettes, et c'est pas fini. Sauf moi… (Elle pleure.) Et maintenant, je dois tout faire : le ménage, le service, la cuisine et heureusement que je m'occupe encore de Loulotte !

– C'est l'essentiel.

– Oui, mais madame la Marquise a été jugée insauvable…

– Insolvable.

– … Insol… lavable… pour élever Loulotte, et elle doit aller en pension, et là je ne suis pas du tout d'accord ! Je ne sais pas comment je vais faire…

– Et le marionnettiste ?

– Rastacarros ? On ne l'a pas revu, il doit être à Nouilliork à l'heure qu'il est, mais il reviendra, c'est sûr.

– Si je le tenais, celui-là, je lui logerais bien un pruneau dans les fesses. Il est homme d'affaires comme moi je suis clarinettiste !

– Ah bon ? Tu es ?…

– Non, je ne suis pas clarinettiste. »

Bécassine affirme, le regard clair :

« Il reviendra, il me l'a promis. »

★

Le père Quillouch conduit la marquise, Bécassine et Loulotte en charrette jusque devant le portail d'une sombre et vieille bâtisse. Une plaque y indique : « PENSIONNAT DES DEMOISELLES BONGENRE ».

La marquise fait tinter la cloche d'entrée. On perçoit des rires de petites filles jouant dans la cour. Loulotte prend la main de la marquise et de Bécassine et les regarde avec un sourire qui ne veut pas y croire. La porte s'ouvre enfin sur une femme en tailleur gris, à l'œil sévère.

« Bienvenue au pensionnat, entrez. »

La demoiselle tend sa main bien droite à Loulotte, qui ne veut pas lâcher celle de Bécassine.

« Marquise… Bécassine… »

La marquise, tout en ayant du mal à cacher son émotion, essaye de rassurer la petite fille.

« Nous nous verrons en fin de semaine, hein ?

– Je reste juste une semaine ?

– Un peu plus… »

Loulotte serre fort les mains des adultes. La marquise essaye de l'entraîner vers la directrice.

« Allons, allons, ce n'est pas le moment de faire l'enfant…

– Si, c'est le moment ! »

Bécassine attrape Loulotte dans ses bras et se pose en rempart, en jetant un regard de défi à ceux qui l'entourent.

La marquise durcit sa voix.

« Allons, Bécassine, vous n'allez pas vous y mettre ! »

Bécassine pleure et divague de douleur.

« Ma petite Loulotte, ma petite petiote, ma petite loupiote ! (Elle serre fort sa protégée.) Ma petite crotte, je t'aime !

– Vous dites n'importe quoi, Bécassine ! Ça suffit maintenant, posez Loulotte ! Nous ne pouvons pas faire autrement, vous le savez bien ! Loulotte, nous ne sommes pas loin – enfin, pas très loin. Nous viendrons vous voir souvent. »

La demoiselle Bongenre retire Loulotte des bras de Bécassine, effondrée.

« Allons Louise-Charlotte, vous êtes grande, donnez-moi votre poupée. Nous allons la ranger, et vous la récupérerez ce soir à 20 heures pour le coucher. »

Loulotte marche quelques mètres, puis se retourne et actionne le bras de son Séraphin pour un geste de salut.

« Vive la France ! »

La lourde porte en bois se referme sur elle.

★

Bécassine, comme autrefois Mlle Châtaigne, tape fort sur les fauteuils pour enlever la poussière. Elle est rouge de colère.

« Tiens, la demoiselle Bongenre ! Tiens ! Tiens ! »

Bécassine s'exténue dans son labeur quotidien :

Elle lave le linge, le tord et l'étend dehors, lave les nombreux carreaux du château, passe le plumeau sur les tristes portraits d'ancêtres dont certains manquent… Bécassine épluche, bat les œufs en neige, moud le café, malaxe le beurre et apporte le plat quand retentit la petite sonnette de la marquise. Dans une casserole, l'éjecteur envoie un œuf en l'air, mais il s'écrase juste à côté du coquetier.

★

Bécassine passe son plumeau sur la table de nuit dans sa chambre. Elle s'arrête quand elle épousette le livre du code de la route. Elle s'assoit, désemparée, et pose son plumeau sur l'oreiller. Il lui rappelle la petite chevelure noire de Loulotte quand elle écoutait ses récits le soir avant de s'endormir.

★

Bécassine traverse la salle à manger en portant une haute pile d'assiettes. Elle ne se rend pas compte que son tablier s'effiloche et que le fil est resté coincé dans la porte. La marquise baisse son journal pour suivre les zigzags de Bécassine. Le fil du tablier se tend : Bécassine trébuche. Toutes les assiettes chutent et se disloquent sur le carrelage dans un fracas épouvantable.

La marquise se relève de son fauteuil.

« Ah non, Bécassine ! C'est ballot ! Quelle godiche vous faites ! Comme si on pouvait se permettre de faire le guignol avec le service en porcelaine ! »

Bécassine, comme une enfant grondée, ne retient plus ses pleurs.

« Loulotte doit croire qu'on l'a oubliée !... »

La marquise essaye de contenir son émotion.

« Et puis cessez de faire l'enfant à pleurnicher ! Allez dans votre chambre, je ne veux plus vous voir ! »

Bécassine sort en titubant de sanglots. Peinée, la marquise ne parvient pas à se replonger dans son journal. Elle caresse son Dick, lui aussi triste de ce silence.

*

Réfugiée dans sa chambre, Bécassine écrit à Loulotte à la lueur d'une bougie. Elle a mauvaise mine.

« Ma Loulotte, mon trésor… Ici la vie est dure sans toi. Je suis seule avec madame la Marquise, et tu nous manques beaucoup. J'ai le cafard et je bois un produit pour le tuer, mais ça me rend encore plus malade. »

Elle rebouche un gros bidon posé sur la table où est marqué « Anti-cafards ». Bécassine absorbe réellement un produit contre les insectes cafards !

« Je suis incoliquée, tu peux pas savoir… J'espère que tu t'es fait des nouveaux amis au pensionnat. C'est bien que tu voies d'autres enfants.

» Ce soir, je viens d'avoir une très bonne idée : dès que mon travail ici le permettra, si Madame est d'accord, je viendrai au pensionnat pour me faire embaucher ! Comme ça on sera tout le temps ensemble !

» Embrasse Séraphin de ma part.

» Ta Bécassine. »

Bécassine s'écroule de sommeil sur sa chaise. Elle se réveille en sursaut.

« Zut, je n'ai pas de timbre… et pas de sou pour en acheter… et pas de boîte aux lettres… (Une idée lui vient.) Je vais lui porter moi-même la lettre ! Demain ? Ah non, Bécassine, maintenant ! Demain, tu travailles, tu as ton service ! »

Bécassine part dans la nuit en vélo-tandem, tenant sa lettre et son parapluie dans la main. Une lanterne à l'avant éclaire à peine la route.

Elle freine devant l'arbre bleu qui ploie sous le vent.

« Tu as encore peur, l'arbre bleu ? Non… (Après un silence :) Mais tu ne peux pas me consoler… »

Elle reprend sa route et pédale longtemps, épuisée de fatigue et bouillante de fièvre. Elle hésite à un carrefour sur la route à prendre. Elle continue tout droit.

Des animaux mugissent dans les pâturages. Les martinets se sont cachés pour dormir.

Elle gravit des longues côtes en appuyant fort sur les pédales, sans être désarçonnée de son lourd tandem.

Enfin, au loin elle entrevoit la silhouette imposante du pensionnat.

Épuisée, Bécassine actionne la cloche, qui ne se fait pas entendre à cause du vent contraire. Elle frappe sur la porte, mais personne ne vient. Aucun mouvement perceptible à l'unique fenêtre allumée. Il n'y a pas de boîte aux lettres. Le haut mur d'enceinte entoure tout le bâtiment.

Bécassine s'assoit sur le parvis, exténuée et découragée. Elle s'endort et rêve.

*

Bécassine, Loulotte et Séraphin en marionnettes sont dans un ballon-bougie comme les frères Montgolfier. Ils aperçoivent la tour Eiffel qui balaie Paris de son long phare jaune. Entraînés par la brise, ils survolent les toits noirs de la grande ville et descendent vers les lumières du Champ de Mars.

Ce rêve merveilleux a donné une idée à Bécassine, qui, dès son réveil, ouvre son parapluie rouge. Elle y attache la lanterne démontée du vélo et y glisse la lettre avec écrit dessus en gros :

Pour ma Loulotte

Elle termine d'effilocher son tablier pour obtenir une bonne longueur de fil qu'elle attache à la poignée en canard. Elle ouvre le parapluie qui, aussitôt soulevé par le vent comme un cerf-volant, s'envole promptement et passe au-dessus du mur.

« Victoire ! »

La force du vent tire Bécassine sur quelques mètres.

Une brise contraire repousse le parapluie hors du pensionnat, puis celui-ci repasse au-dessus de

Bécassine… replonge vers le pensionnat… puis redécolle dans l'autre sens… Bécassine ne lâche pas son frêle cerf-volant et, tirée par lui, s'éloigne vers la campagne.

★

Les yeux rivés sur le parapluie qui virevolte, Bécassine marche à grandes enjambées à travers champs.

Le parapluie finit par s'accrocher aux hautes branches d'un arbre. Bécassine, épuisée, s'écroule à son pied.

On entend alors tout près le grognement d'un sanglier. Bécassine rouvre un œil.

« C'est l'oncle ?… »

La grosse bête la renifle. Bécassine, pas encore réveillée, garde les yeux fermés.

« … C'est Trompette, mon beau cochon ? »

Le sanglier souffle son haleine chaude sur Bécassine, souriante.

« Tu cherches une truffe ?… C'est moi ! »

Bécassine sourit aux anges et se rendort. Le sanglier sauvage est en fait le trophée du sanglier du château, accroché sur la cheminée. La tête du sanglier vole toute seule en l'air. Décidément, Bécassine rêve encore !

Un coup de feu claque au loin. Le « trophée-sanglier » sursaute et s'enfuit. Bécassine murmure dans son sommeil.

« Champagne !… »

★

Bécassine tire la langue de manière comique. L'oncle Corentin lui palpe la gorge.

« Arrête de tirer la langue tout le temps ! Pas de ganglions, c'est bien. On va quand même procéder à un petit lavement, ça ne peut pas faire de mal. »

L'oncle Corentin décroche du mur un énorme clystère qu'il entreprend de préparer.

« L'oncle ! Ça me fait peur, cette grosse piqûre !

– Ce n'est pas exactement une piqûre. C'est par ailleurs le mode d'admission le plus fiable et le plus rapide.

– Et il n'y a pas un mode plus lent et moins fiable ?

– Si. Mais je te préviens, c'est épouvantable à boire : potasse de Croune matin et soir en solution. »

Bécassine boit la potasse de Croune, qui a l'air vraiment très indigeste. Pour la faire rire, l'oncle anime la poignée en canard du parapluie et imite l'oiseau.

« Tu sais, c'est l'oncle Corentin qui m'a décroché de l'arbre. Heureusement qu'il m'a aperçu dans les branches, il a suivi le fil et il t'a trouvée ! »

L'oncle soudain reprend sa voix.

« À propos de fil… »

L'oncle tire un fil jusqu'à un poste de téléphone.

« En tant que maire de la ville, j'ai acquis certains privilèges... »

Il consulte un bottin et compose un numéro très court.

« Allô ? Oui... Mes hommages, madame, ici le maire de Clocher-les-Bécasses, j'aurais voulu parler à mademoiselle Loulotte, s'il vous plaît... Oui, je ne quitte pas... »

Bécassine écarquille les yeux. L'oncle lui tend le combiné.

« Tiens. »

Médusée, Bécassine approche l'écouteur de son oreille. Après un long silence, elle entend la voix de Loulotte.

« Oui ?

– Loulotte !

– Bécassine ?

– Ma Loulotte !

– Bécassine !

– Ma Loulotte ! Ma Loulotte, ma Loulotte, ma Lou… »

L'oncle Corentin lui fait signe d'abréger.

« Bon, allez… Ça coûte cher, le téléphone ! »

Bécassine est aux anges.

« Tu vas bien, ma Loulotte ? On s'occupe bien de toi ?

– J'ai mangé des profiteroles.

– Ohooooo, c'est bien ça…

– On a failli aller pique-niquer dans la forêt ! On avait préparé les sacs !

– C'est bien ! Mais pourquoi "failli" ?

– Parce qu'il pleuvait, alors on a pique-niqué sous le préau.

– C'est bien quand même !

– Ben non.

– On ira dans la forêt toutes les deux.

– Quand ?

– … Et tu fais quoi d'autre ?

– On fait des calculs.

– Bravo, mon petit chou !

– Mais je voudrais qu'on soit ensemble !

– Oh oui, ma chérie, moi aussi, tu sais ! »

Bécassine entend des bruits bizarres à l'autre bout de la ligne.

« C'est quoi que j'entends ?

– C'est Séraphin qui te fait des bisous !

– Ahaaaaa, il va bien ?

– Il est malade, il vomit.

– Il vomit quoi ?

– Du coton… Il faut le soigner !

– Quelqu'un peut certainement te le réparer… Tu t'es fait des copines ?

– Non, on se tape dessus. Les autres, elles sont méchantes parce que je n'ai pas de papa et de maman et juste une fausse grand-mère. Mais moi, je dis que j'ai une copine, c'est Bécassine et alors… »

Mlle Bongenre a repris le combiné.

« Je crois que nous pouvons en rester là. Loulotte doit regagner sa classe. Au revoir. »

Elle raccroche. Bécassine est désemparée.

« Loulotte ? Loulotte ! Reviens ! Il y a quelqu'un ? »

L'oncle Corentin doucement repose le téléphone. Il essuie une larme à l'œil de Bécassine.

« … Et personne ne lui répare son Séraphin ! »

Chapitre 11

DES CADEAUX POUR TOUT LE MONDE

De retour au château, Bécassine avale très difficilement sa potasse de Croune et donne l'excédent aux poissons rouges qui se ruent dessus. En épluchant des carottes sur une vieille feuille de journal, soudain, ses yeux s'écarquillent. Elle découvre dans le journal une réclame :

LE MINUTEUR RASTA !
GRANDE INVENTION AMÉRICAINE !
AU BOUT DE TROIS MINUTES,
IL ÉJECTE AUTOMATIQUEMENT
VOS ŒUFS HORS DE LA CASSEROLE !

Bécassine relit encore et encore la page. Elle est éberluée.

« Mais cette réclame... C'est mon éjecteur ! Ça alors !... Déjà cent mille minuteurs vendus... Incroyable ! Merveilleux ! »

La petite sonnette de la marquise retentit.

★

Dans la salle à manger dépouillée de la plupart de ses meubles, la marquise déjeune avec M. Proey-Minans, qui soupire à la voir cajoler affectueusement son Dick ronronnant de plaisir. L'homme de confiance prend sa respiration.

« En acceptant ma main, Hermine, nous consoliderions une situation très fragile à la fois sentimentalement et économiquement...

– Bien sûr, Adalbert, mais voyez-vous, finalement, je goûte à une solitude... et même à une austérité... tout à fait bénéfiques... »

Bécassine arrive en courant presque et leur montre la publicité dans le journal.

« Regardez, Madame ! C'est pareil que mon invention !

– "Le minuteur Rasta" ?... Qu'est-ce que c'est que... »

M. Proey-Minans tape dans le journal.

« C'est encore un coup du marionnettiste grec, ça ! »

La marquise ne peut réprimer un sourire en lisant l'annonce.

« Ce sacré Rastaquouéros... "Grande invention américaine"... pfff... »

Bécassine rêve à voix haute.

« En plus, j'aurais beaucoup d'inventions à lui donner ! Le parquet à ressort, le biberon de nuit au tomatic... »

M. Proey-Minans reprend le journal.

« Il vous a piqué l'idée, j'en suis sûr ! "Cent mille exemplaires vendus" ! (À la marquise :)

Il fait fortune sur votre dos après vous avoir ruinée !

– C'était aussi le contexte international, Adalbert. La crise. Il a fait ce qu'il a pu, en ayant une réelle passion des affaires…

– N'empêche, Hermine, votre "passionné" a disparu depuis, corps et biens ! »

Bécassine lève gravement son index.

« M. Rastaqurousse m'a promis qu'il reviendrait ! Et il reviendra. »

La marquise soupire.

« Oh, vous savez, la parole d'un Arsène Lupin… »

M. Proey-Minans ricane.

« Ce serait plutôt "Arsène Lapin" !

– (Après un silence :) Ce n'est pas drôle, Adalbert. D'ailleurs, vous n'êtes jamais drôle. »

La marquise agite machinalement sa petite clochette. Elle réalise que Bécassine est juste derrière elle.

« Ah ben non, vous êtes là… »

Un fort coup de klaxon emplit la cour dehors. Dick aboie. Tout le monde se rue aux fenêtres.

★

La Fringante tourne en rond à vive allure dans la cour. Rastaquouéros klaxonne et salue tout le monde avec de grands gestes. Il arbore un gros cigare. Bécassine n'en croit pas ses yeux.

« C'est Rastaquétros ! Avec la Fringante ! »

Rastaquouéros extrait d'un sac des liasses de dollars qu'il jette au vent. La marquise tend ses bras vers le marionnettiste.

« Oh, mais quel idiot, celui-là ! Venez ici tout de suite, Rastaquouéros ! Venez, mon Lupin ! »

Bécassine descend du perron.

« Oui viens, lapin ! Oh pardon ! Ça me fait tellement de la joie… »

Bécassine court et, prestement, grimpe sur le marchepied de la voiture. Rastaquouéros s'en amuse et continue son manège.

« C'est votre argent, Bécassine ! Votre vœu dans le ballon a atterri à New York, chez un riche industriel qui a développé votre plan du minuteur d'œuf !

– C'est le ballon qui est arrivé en Amérique ? Le vœu de Loulotte !

– Oui ! Et comme il y avait mes coordonnées sur le ballon, j'ai fait valoir nos droits ! J'ai des cadeaux pour tout le monde ! (Il lui tend une belle boîte dorée.) Voici votre éjecteur d'œuf ! (Puis il brandit un disque vers la marquise.) Pour vous, Madame, un disque de musiques grecques ! Et voici une mini-Fringante pour Loulotte ! »

Il indique sur la banquette arrière une voiture à pédale jaune. M. Proey-Minans lève les yeux au ciel.

« Ce Grec… Je rêve… »

Il ramasse un billet et le porte à contre-jour pour vérifier s'il est authentique.

« 100 dollars, je ne rêve pas… »

★

Six œufs sont éjectés et retombent dans six coquetiers en ronde autour de la casserole.

Un nouveau lustre scintille dans l'entrée.

Le phonographe joue une musique grecque à la fenêtre.

Dans une sorte de chorégraphie joyeuse, Cyprien et Madeleine, Hilarion et Mlle Châtaigne disposent de grandes tables dans la cour. Bécassine, concentrée, les suit pour placer les tréteaux. M. Proey-Minans taille les buis du perron.

La chorégraphie continue pour garnir les tables. Une fois que tous les couverts ont été disposés, Bécassine est toute fière de poser la carafe. Puis elle court après le groupe et attend pour poser une nouvelle carafe.

Elle est observée par la marquise et Rastaquouéros, qui terminent leur petit déjeuner. La jeune nourrice verse maintenant dans chaque carafe un petit poisson rouge.

« Brave Bécassine, quelle idée elle a encore trouvée là ? Enfin, je lui dois une fière chandelle…

– Avant de la rembourser, Hermine, je vous proposerais bien un petit placement judicieux… »

M. Proeys-Minans arrête brusquement le phonographe.

« Ah non, le Grec ! On investit dans des valeurs sûres, maintenant ! Dans le travail de chacun ! On va réparer le château et planter des vignes ! »

Rastaquouéros, imperturbable, se saisit d'une tapette tue-mouches comme si c'était une guitare. Il imite quelques accords et, tout en chantant, questionne la marquise.

« Ça vous dirait, un petit voyage en Grèce ? »

Rastaquouéros, un coup de tapette sur la tête, se relève sous les assauts de M. Proey-Minans, rouge de colère. Les deux hommes se giflent à coups de tue-mouches, ce qui donne un duel assez curieux. La marquise réprime un rire.

« Cessez de faire les enfants ! »

Dick fait des petits bonds de joie. Mais tous se figent quand résonne à l'entrée du parc une fanfare tonitruante.

Une haie de musiciens en uniformes remonte l'allée centrale, jouant de manière assez solennelle « Y'a une pie dans l'poirier ». Tous les musiciens louchent fortement.

On reconnaît Marie Quillouch soufflant fort dans une clarinette, louchant de plus belle. Elle accumule les fausses notes. Le père Quillouch lui donne des coups de pied tout en jouant de l'hélicon.

« Ah, ça ! Jouer n'importe quoi, c'est plus facile que de travailler correctement ! »

Bécassine, émue, se précipite et fend la fanfare.

Elle reconnaît son oncle Corentin, qui arbore une écharpe tricolore et tire des coups de fusil en l'air.

Ils s'embrassent et se serrent fort.

Bécassine aperçoit parmi les invités endimanchés ses parents qui, par erreur, embrassent chaleureusement une jeune femme en robe verte ressemblant à leur fille. Bécassine se plante devant eux en ouvrant grand les bras. Ils s'enlacent tous trois aux accents de la fanfare.

Marie Quillouch, à l'écart, joue maladroitement *Ya une pie dans l'poirier*. Bécassine la regarde et l'écoute, le cœur serré. Elle ne peut attendre plus longtemps et quitte la fête.

D'un bon coup de manivelle, Bécassine démarre la Fringante. Pied au plancher, elle se penche en avant sur le tableau de bord, comme pour aller plus vite encore. La voiture jaune manque de déraper dans un virage, mais Bécassine accélère toujours plus.

Le portail du pensionnat est ouvert. Bécassine freine *in extremis* au milieu de la cour. Des enfants viennent à sa rencontre, mais parmi eux Bécassine n'aperçoit pas Loulotte. Elle tend un papier bleu à la demoiselle Bongenre, qui reste mécontente de cette intrusion.

« Je viens chercher Loulotte… J'ai un papier d'autorisation… »

La directrice examine longtemps le papier.

« Il eût été bon de prévenir ! Louise-Charlotte est au lit, elle dort. Elle a perdu une dent et elle a eu mal toute la nuit. »

Sans attendre l'accord de la demoiselle Bongenre, Bécassine entre dans le bâtiment. Elle grimpe quatre à quatre l'escalier en appelant sa Loulotte. Elle s'arrête au premier étage, qui reste silencieux.

« Loulotte ? »

Pas de réponse. Elle monte au deuxième, puis au troisième, sous les toits. Là, elle pousse une porte en bois, qui découvre un grand dortoir vide. Mais Bécassine devine une petite forme lovée sur un lit au milieu de la pièce. Sur la pointe des pieds, Bécassine s'en approche.

La jeune enfant dort à poings fermés. Bécassine soulève doucement son oreiller, et découvre la petite dent posée en attente de la souris. Alors, ses yeux s'écarquillent, comme lorsqu'une bonne idée lui traverse l'esprit. Elle saisit la petite dent et s'assoit par terre en tête de lit, puis se glisse la tête sous l'oreiller.

Bécassine ne bouge plus et, heureuse, s'endort ainsi.

★

On entend un coup de klaxon dehors, des enfants jouent avec la Fringante.

Loulotte ouvre un œil et, tout de suite, impatiente, soulève son oreiller. Elle découvre la bonne mine de Bécassine, qui dort paisiblement.

« Oh, Bécassine ! »

Loulotte touche le visage de Bécassine pour voir si ce n'est pas un rêve. Bécassine ouvre les yeux, voit Loulotte. Sans bouger, avec un doux sourire, elle lui murmure :

« Mon trésor… Ma perle d'amour… »

Pour une petite fille, Loulotte a le plus grand sourire du monde.

« Oui… oui… oui… »

★

Bécassine conduit la Fringante, avec Loulotte assise à l'arrière, comme une princesse. Elles chantent à tue-tête leur chère comptine.

« Ya une pie dans l'poirier, j'entends la pie qui chante ! »

Tout d'un coup, Loulotte s'arrête net de chanter.

« Stop ! Stop ! Stop ! »

Bécassine freine fort. Loulotte crie :

« Séraphin ! J'ai oublié Séraphin ! »

Bécassine n'est pas enchantée de la nouvelle.

« Faut y retourner ?

– C'est Mlle Bongenre qui l'enferme dans un placard la journée !

– Écoute, c'est pas commode d'y retourner, c'est Rastacroche qui m'a fait le faux papier de sortie, et la Bongenre va vite s'en rendre compte…

– Mais Séraphin ! Il faut que je m'en occupe ! ON NE PEUT PAS L'ABANDONNER ! »

Les larmes montent aux yeux de Loulotte.

Alors, du haut de la banquette avant jaillit devant elle son Séraphin, encore plus rafistolé, les cheveux au vent. Il s'agite miraculeusement, comme une marionnette. C'est Bécassine qui, à distance, avec son parapluie, lui donne vie. Loulotte exulte de joie.

Bécassine enfonce la pédale d'accélération. La voiture passe en trombe devant l'arbre bleu vert clair et tourne à droite vers Paris. La tour Eiffel apparaît au bout de la route.

FIN

Oh allez, encore un petit bout d'histoire après la fin !

Quelques kilomètres plus loin, la Fringante s'est arrêtée sur le bord de la route. Derrière elle surgit une mini-Fringante, une petite voiture jaune semblable à la grande, avec au volant Loulotte qui pédale fort pour aller vite ! Elle presse le klaxon qui émet de gros *pouët pouët* de joie. Bécassine, tout sourire, fait de grands signes à son cher amour, qui file sur la petite route de campagne.

REMERCIEMENTS

L'auteur tient à remercier Clémentine Labadie.

Pour l'éditeur, le principe est d'utiliser des papiers composés de fibres naturelles, renouvelables, recyclables et fabriquées à partir de bois issus de forêts qui adoptent un système d'aménagement durable. En outre, l'éditeur attend de ses fournisseurs de papier qu'ils s'inscrivent dans une démarche de certification environnementale reconnue.

Composition et mise en pages : Nord Compo

PAPIER À BASE DE FIBRES CERTIFIÉES

hachette s'engage pour l'environnement en réduisant l'empreinte carbone de ses livres. Celle de cet exemplaire est de : 500 g éq. CO_2
Rendez-vous sur www.hachette-durable.fr

Achevé d'imprimer en Espagne par Industria Grafica Cayfosa
Dépôt légal 1ère publication mai 2018
87.7167.0 – ISBN : 978-2-01-626996-1
Édition : 01 – Dépôt légal : mai 2018

Loi n° 49-956 du 16 juillet 1949
sur les publications destinées à la jeunesse